EL RIESGO DE LA VANIDAD

Estudis Universitaris - 197

Carles X. Senso Vila

El riesgo de la vanidad.
Redes sociales deportivas
y su efecto sobre la salud mental

Prólogo de Alfredo Relaño Estapé

VALÈNCIA, 2025

Edición compuesta con letra Andralis ND OSF y Andralis ND SC, impresa en el interior sobre papel Prinset Ivori de 90 g/m² y la cubierta con cartulina Image Silk de 350 g/m².

ISBN: 978-84-1156-082-5
DL: V-1203-2025

Diseño de la colección: Fèlix Bella
Rediseño de la cubierta: Joanrojeski Estudi Creatiu
Ilustración de la cubierta: Pau Valls
Maquetación: Mayte Mar Disseny Gràfic
Impresión: Set i Set Impressors

Índice

Prólogo

Mi trato con el COTIF, esa agrupación de buenas personas entregadas a la causa del deporte como elemento de salud individual y social, me ha permitido tomar contacto estos años con tipos interesantes y buenos. Apenas mantengo con ellos dos contactos anuales, el primero para la votación del Premio COTIF, el segundo en la gala de su entrega, pero ya hace tiempo que se repite ese rito bienal. Dos viajes gratos a l'Alcúdia, siempre en compañía de Vicente del Bosque, al que debo mi relación con esta buena gente que se arracima en torno a su incansable líder, Eliseu Gómez.

En el último tuve una interesante charla con Carles Senso, doctor en Historia y licenciado en Periodismo, además de escritor de prensa y autor de unos cuantos libros, preferentemente de temas históricos. Me explicó su último proyecto, un trabajo sobre la estabilidad mental de los deportistas y sobre la persistente y perniciosa influencia que puede tener en ella el recurso a las redes sociales, en tanto en cuanto reflejo de una mayor necesidad de reconocimiento, de mostrarse a los demás. Me fue envolviendo con su charla, interesante, y cuando me tuvo bien enganchado en el anzuelo me cargó con la responsabilidad de prologárselo. Un compromiso que acepté por el halago de su insistencia (dichosa vanidad) y por tratarse de un personaje COTIF, pero no sin la advertencia de que no soy fuerte en la materia porque carezco que una formación académica para tratar un tema así con profundidad. Pero esos argumentos de autodefensa solo me sirvieron para recibir más insistencia halagadora hasta que, por no parecer que me estaba haciendo el interesante, decidí aceptar, sin más. Al fin y al cabo, pensé, llevo años tratando deportistas y también he conocido de cerca el sufrimiento humano cuando la propia mente se cuestiona cosas. A mí mismo me ha pasado.

Habrá que empezar por decir que el deporte es difícil. Detrás de ese brillo catódico por el que nos llega a casa a través del televisor, más allá de ese aspecto triunfador, infalible, de chicos y chicas colmados de fuerza y habilidad, hay toda una esfera de sufrimiento. Físico indudablemente, en todos los casos. Horas y horas de entrenamiento y renuncia, de forzar el propio cuerpo hasta hacerlo convivir con el dolor, de lejanía de lo que se supone una vida normal, la que al mismo tiempo que el deportista hace eso su grupo de amigos y amigas emplea el suyo en socializar, salir, viajar, gandulear, ennoviarse... Y estudiar, claro, pero el estudio no es tan exigente, y muy pocos estudian para ser obsesivamente el mejor. El deportista es una persona joven que convive con los de su generación, pero a contrapié. Lleva una carga más, es su vocación deportiva, con el tiempo que ello exige y los sinsabores que provoca.

Hay muchas horas de entrenamiento discreto, anónimo, y unas pocas, o quizá minutos, o diez escasos segundos en el caso extremo de los 100 metros lisos, o menos aún si hablamos de un saltador, una gimnasta o un clavadista, en que todo aquel trabajo se pone en juego. En términos olímpicos, se trata de una prueba en la que van cuatro años de esfuerzo silencioso, con la mirada de todo el país propio sobre la espalda y el futuro en juego. El triunfo es una puerta a la gloria y a una beca que abre paso a otros cuatro años de sufrimiento; la derrota puede significar la expulsión del espacio al que se ha entregado tanto, el descenso a una vida sin aspiraciones de excepcionalidad con una desventaja de adaptación con respecto a los que no han pretendido nunca hacer de su vida nada extraordinario.

Y no hace falta el fracaso para sentirse mal, puede bastar con la propia presión de mantenerse ahí cuando se ha triunfado. El deportista actúa bajo la mirada escrutadora de toda la sociedad, con la crítica periodística encima, con el convencimiento, a partir de cierto grado, de que la alegría, incluso la felicidad, de muchas personas a las que ni conoce, ni va a conocer en toda su vida dependen de su desempeño deportivo. Y no basta con ganar una carrera o un partido; al revés, eso obliga a ganar la siguiente o el siguiente, y luego más, una y otra vez... Nadie lo ha explicado mejor que Luis Aragonés con aquello aparente simple de que el fútbol es "ganar,

ganar, ganar y volver a ganar, y ganar otra vez...» Así son el fútbol y el deporte, y eso puede explicar que un chico joven, cargado de dinero y en plenitud de su juego, como fue el caso de Iniesta, caiga en una sima de la que es difícil salir. El propio Luis Aragonés fue depresivo y quizá por eso supo explicar con tanta sencillez esa condena.

Simone Biles se hartó de conseguir medallas en Río-2016, lo que le valió el honor de ser abanderada de su país en la ceremonia de clausura. Fue a Tokio-2020 (se celebraron en 2021 por la pandemia, pero mantuvieron en su nominación oficial el año final del ciclo olímpico, 2020) y allí se encontró de repente que no controlaba el cuerpo. Durante una pirueta perdió la percepción de su postura, sufrió una desconexión entre el cerebro y el cuerpo, y cayó de pie por pura consecuencia maquinal de un ejercicio tantos millares de veces repetido, pero no por su control. Pensó que de haber caído de otra forma se podría haber roto el cuello. Dejó de participar, salvo en una última y fácil prueba.

¿Qué había pasado? Tras Río-2016 se supo que el médico de la Federación de Gimnasia, Larry Nassar, había sometido a abusos sexuales a las jóvenes gimnastas durante años, con el conocimiento y el disimulo de los dirigentes. A ella apenas le correspondió, o en su inocencia no le pareció sospechoso que le metiera un dedo en el ano en alguna exploración, pero a otras les pasó mucho más que eso. Cuando surgió el escándalo, se vio empujada, como estrella del grupo que era, a liderar la protesta (que tuvo el final feliz del encarcelamiento del mal tipo y el derrumbe y desprestigio de la cúpula federativa), y tras eso vinieron otras causas sociales. Se vio aplastada entre la expectativa de una parte del país, que la había concebido como la 'Dulce Novia de América', y los varios sectores reivindicativos que vieron en ella una magnífica bandera contra cualquier tipo de abuso.

Ella sólo era una adolescente, puesta en una situación extrema. En Tokio se produjo la crisis, cuando todo eso se juntó con la obligación de mantener la precisión extrema de sus movimientos. Con esfuerzo y ayuda pudo superarlo y en París-2024 compitió de nuevo con normalidad y éxito. Cuatro años más, con la maduración correspondiente, y un acertado tratamiento le ayudaron a superarlo.

No es un caso aislado. La historia del deporte ha producido muchísimos, algunos de final trágico, como el de nuestra entrañable Blanca Fernández Ochoa, criada y crecida con la presión externa de emular el oro olímpico de su hermano. "¿Y tú cuándo?". Eso era lo que le repetían continuamente. Llegó a ser una obsesión. Conseguir una medalla de bronce, ser la primera mujer medallista olímpica española, no fue suficiente. Su vida posterior fue un tobogán en el que alternaba épocas de normalidad, al menos aparente, con hundimientos en la sima. Hasta que un día decidió acudir a su rincón favorito de la sierra madrileña y entregarse a la Naturaleza.

En todos los casos están detrás la presión, la exposición a la exigencia exterior, la vida pública, la curiosidad periodística, que trata de cubrir una demanda social. Algo que no es fácil de soportar, y que solo les pasa a unos pocos, y entre ellos están todos los deportistas de nivel. El resto, que somos mayoría, vivimos nuestro trabajo de forma anónima, triunfamos o no sobre nuestros desafíos, pero eso queda para nosotros mismos y un círculo íntimo en el que es más fácil manejar esas emociones. El deporte no te permite eso. El deporte coloca al protagonista en el centro de la plaza, expuesto a alabanzas y críticas igualmente difíciles de gestionar.

Carles Senso trata en este libro sobre la aparición de un agravante: las redes sociales, ese espacio útil para tantas cosas y pernicioso para tantas otras. Un nuevo escaparate en el que construir una tercera imagen nuestra, que no tiene por qué coincidir con la que ven los demás de nosotros mismos, ni siquiera con cómo nos percibimos de verdad, sino con cómo querríamos vernos y que nos vieran. En el caso del deporte, un nuevo escenario para la exhibición ante la sociedad, creando otro espacio para la inquietud y el desasosiego.

Ese es el tema en el que profundiza este libro, en el que Carles Senso aporta un estudio innovador y abre con él una nueva ventana a la investigación. Nadie hasta el momento había contrastado como él que los deportistas modifican su comportamiento práctico por el efecto de la mirada de los demás a través de las redes sociales, y eso es algo que debería tratarse debidamente (educarnos con conocimiento de causa) para evitar daños mayores. Estudios como el de este libro nos hacen más conscientes, nos obligan a reflexionar y nos invitan a adelantarnos un poco en el tiempo y a dejar de ir a contracorriente, a menudo intentando arreglar lo que ya está roto. Los deportistas viven hoy sometidos a una presión social más inmediata que nunca, sin cortapisas y con una afectación clara de su salud. Analizarlo es una obligación, es el primer paso para encontrar soluciones.

De eso trata este libro, de cuya necesidad y utilidad no dudo.

Alfredo Relaño Estapé, periodista.
Director del periódico deportivo *As* entre 1996 y 2019.

El negocio de la superflua inmediatez

Comprobar de forma empírica la posible relación entre la adicción y el consumo de *apps* deportivas como Strava y la afectación sobre la salud mental de los usuarios y usuarias. Ese es el objetivo principal planteado en el presente estudio, con una investigación inédita que examina un campo todavía ignoto. Para ello se analizan las consecuencias negativas del consumo desmedido de las redes sociales genéricas sobre la salud y se engarza una relación con una encuesta sociodemográfica construida *ad hoc* en la que participaron alrededor de 300 voluntarios y voluntarias, a los que se les preguntó sobre la presión que sienten con la exposición pública de sus resultados deportivos. Redes sociales deportivas como Strava, Garmin Connect o Nike Run Club promocionan la interacción social y su efecto sobre la salud mental dependerá de cómo se utilicen, de la capacidad para consumirlas de forma crítica (y por lo tanto consciente) y del estado emocional del usuario.

El ejercicio físico reporta beneficios sustanciosos para la salud, lo que repercute positivamente en la calidad de vida. Niveles adecuados de actividad física disminuyen el riesgo de desarrollar patologías cardiovasculares, reducen el riesgo de muerte y contribuyen a la salud mental, según pudieron constatar en sus estudios investigadores como Penedo y Dahn en 2005, Löllgen y Knapp en 2009, o Lee en 2017. Sin embargo, su relación descontrolada e inocente con las redes sociales puede traducirse en efectos físicos y emocionales perniciosos, por lo que se precisa de un conocimiento previo y de un análisis maduro de las posibles consecuencias. Aplicaciones como Strava, Garmin Connect, Meet Up, Runtastic, Timpik, MyBestChallenge, Social Sports, Linked2play o Zepp disponen de estrategias de gamificación que, a través de herramientas lúdicas, hacen de las experiencias deportivas un momento de reconocimiento social y superación contra uno mismo, otras personas e incluso perfiles artificiales, como en el caso de la plataforma Bkool.

La competitividad es clave y no se entiende la configuración del perfil digital en dichas plataformas de forma solitaria. Se precisa, ineludiblemente, de la hiperconectividad y la interacción con el otro, con el que se comparten misiones y del que se reciben recompensas. Y en eso, Strava fue una aventajada y sus ciento veinticinco millones de seguidores en 2024 confirman el acierto empresarial. «Desde su origen, Strava fue concebido como una red social: es más importante compartir que competir, y eso nos diferenció. Vimos que, a través de un teléfono móvil, o un aparato similar, existía todo un mundo que podía comunicarse, y que debíamos crear una herramienta sencilla pero que abarcara todas esas posibilidades»[1], contestó, en octubre de 2016, Gareth Nettleton, vicepresidente de *marketing* de Strava, en una entrevista para Ciclosfera. El aumento de la motivación de los usuarios acrecienta el *engagement* (las interacciones) y con ello los beneficios empresariales al crear una comunidad que se retroalimenta a través de galardones digitales (y ficticios) que se convierten en premios emocionales. Compartir la experiencia deportiva públicamente supone exponer una forma de vida y buscar coincidencias en un grupo social que acoge al similar. Se comparte para formar parte de una comunidad, para ser reconocido como miembro. Evidentemente, están en juego los intereses de la industria deportiva y la digital, ya que el mercado precisa de incentivos emocionales para captar la atención de los usuarios, dispersos entre millones de aplicaciones ofertadas. El resultado es que las redes sociales hipertrofian ciertos hábitos mediados por la tecnología para ganar dinero, según analizaron en 2016 Gelfman o en 2017 Gartón e Hijós.

En el continente digital que supone Facebook, los jóvenes convertidos en nativos pueblan sus calles y conviven con sus amigos, fortalecen su comunidad y la depuran. Lo hacen sin restricciones espaciotemporales, lo que ha supuesto un cambio de paradigma

---

1 VIDIELLA, Rafa: Gareth Nettleton, de Strava: «Marcas como Nike convirtieron el deporte en algo aspiracional». Ciclosfera. 2016. https://ciclosfera.com/a/gareth-nettleton-strava-deporte

clave en la historia, con una inexistencia de jerarquía y en el que el autogobierno se impone de forma espontánea. El mecanismo de agregación estará sujeto a la voz propia, al espacio reservado en el que cada sujeto digital es escuchado, observado y seguido, con la exigente exhibición a la que eso obliga, destruyendo prácticamente la separación entre la vida privada y la pública. Se magnifica, con todo, la frugalidad vinculada al individualismo, con una excitación constante que solo entiende del presente y que anhela la hiperactividad que no descansa y que no reflexiona. La identidad pública depende hoy más de la imagen que se traslada a través del ficticio mundo de las redes sociales que de la vida analógica. Cual Narciso ante la charca, las redes sociales permiten al individuo verse reflejado a modo de creación artística, no tal como es, sino como le gustaría ser. O más bien, como le gustaría que le viesen los demás. El comportamiento primigenio en dicha acción es la autocensura, la feroz crítica sobre una representación del yo que se cree débil. La búsqueda de la reciprocidad se inicia con la pretensión de la homogeneización para encauzar en el grupo, en la comunidad. Porque la identidad nace de la interacción. Es necesario el retorno.

En demasiadas ocasiones, la diversión social es hoy intrascendente y se plasma en expresiones digitales que desaparecen pocas horas después y que nadie echa en falta. Es divertido por ser instantáneo y por no dejar una huella de la que después responder. En teoría. Crean y consumen. Constantemente. Comunican a través de la imagen. Se venden. Se redefinen. Y lo hacen a través de nuevos lenguajes en los que la palabra cada vez cuenta con menos protagonismo en detrimento de las fotografías y los vídeos, que conjugan la volatilidad y la simpleza. TikTok es el ejemplo perfecto. «TikTok es el principal destino para vídeos móviles de formato corto. Nuestra misión es inspirar la creatividad y brindar alegría», se lee en su página web. Durante el confinamiento de la covid-19 se confirmó como la *app* estrella y superó los dos mil millones de descargas, hasta ese momento una cifra solo en manos de Facebook y Google. Millones de vídeos circulando cada segundo sobre vidas anónimas que anhelan la viralidad, el famoseo barato. Fue en 2020 cuando un vídeo de TikTok que se burlaba de los números tatuados en los brazos de los judíos prisioneros de los campos de concentración nazis durante el Holocausto recibió más de 600.000 visitas. Chistes sobre víctimas de un genocidio. La falta de sensibilidad y empatía provocan que las nuevas generaciones sean incapaces de percibir los matices del sufrimiento y protagonicen, a través de las nuevas plataformas digitales, campañas que, por lo pronto, son una agresión a las víctimas, y una trivialización de la historia. En otra iniciativa de TikTok, bajo los *hashtags* #Heaven o #Holocaust, se promovieron vídeos en los que los adolescentes se maquillaban como víctimas del Holocausto para encarnar un personaje que contaba su supuesta vida desde el cielo tras morir. Prácticas de maquillaje e interpretación sobre el exterminio de personas.

Globalwebindex demostró que en 2019 aproximadamente la mitad de los 800 millones de usuarios que por entonces tenía Tiktok contaban con entre 16 y 24 años de edad. Sin embargo, los datos de 2024 ya afirmaban, según Dataportal, que el 57,1 % de las personas que utilizaban TikTok tienen más de 25 años. De hecho, 421,1 millones contaban con entre 18 y 24 años (39,8 %), 306,7 millones entre 25 y 34 (29 %), 135,8 millones entre 35 y 44 (12,9 %), 75,3 millones entre 45 y 54 (7,2 %), y 83,6 millones entre 55 años en adelante (8 %).

El tiempo de uso alcanzó de media los 39 minutos al día, sobre todo motivado por la ampliación de la longitud de los vídeos, que pasó de los 15 segundos del lanzamiento de la plataforma a los 3 minutos y con posterioridad, y en la actualidad, a los 10 minutos. TikTok no es una red social al uso porque no promociona esa ordenación en red y el ofrecimiento algorítmico de los vídeos es más *random*, sin embargo, sí aparecen millones de seguidos que crean comunidades, por lo que parece osado afirmar que no es una red social. Cierto es que el usuario o usuaria funciona más bien por búsqueda de categorías, siendo hegemónica en 2024 (además de forma aplastante) el entretenimiento, con 535.000 millones de búsquedas, seguida del baile, la broma, el *fitness*-deporte, la renovación del hogar o bricolaje o belleza, pero a mucha distancia. Los y las jóvenes buscan patrones de belleza en una aplicación, como hemos visto, que promociona modelos racistas o gordófobos, agravando la peligrosidad de la esclavitud estética que se vive en la adolescencia.

TikTok, gracias a su potente algoritmo, abstrae, provoca una pérdida de la noción del tiempo entre sus clientes. Existe un mar inabarcable de contenido que puede provocar ansiedad digital porque la sensación de no haber aprovechado el tiempo mientras se consume es asidua.

Una investigación periodística de gran revuelo internacional fue la protagonizada por la radio pública estadounidense NPR[2], que tuvo acceso a detalles reveladores del funcionamiento de la aplicación digital china a través de comunicaciones internas de la empresa. La gran revelación pasó por el conocimiento de informes internos que aceptaban que el uso compulsivo de su aplicación «se relaciona con la pérdida de habilidades analíticas, formación de memorias, pensamiento contextual, profundidad conversacional, empatía y aumento de la ansiedad». También que son conocedores que, a menor edad del usuario, «mejor rendimiento», es decir, mejores resultados para la plataforma porque cuentan con menos herramientas «para controlar su tiempo de pantalla». Con 260 vídeos consumidos en alrededor de 35 minutos se crea un hábito pernicioso cercano a la adicción. Con menos tiempo, el algoritmo ya tiene diseñado un perfil personal de gustos y afinidades que permite crear una burbuja peligrosa, un mundo a medida que te conoce mejor que tú mismo. La investigación también desveló que los filtros de moderación no funcionan ni existe interés porque lo hagan, por lo que por la plataforma corre contenido supuestamente prohibido, como violencia explícita o sexo con menores, sin que exista voluntad de censurarlo.

2 https://www.npr.org/2024/10/11/g-s1-27676/tiktok-redacted-documents-in-teen-safety-lawsuit-revealed

Una investigación de Forbes documentó que dicha red social se había convertido en «un club de *striptease* lleno de niñas de 15 años». Todo ello llevó a catorce fiscales generales de EE. UU. a demandar a la empresa alegando que fue bosquejada con la intención expresa de hacer adictos a los jóvenes.

Esa es en la realidad en la que, paralelamente, los usuarios y usuarias consumen las redes sociales específicas del deporte, sin capacidad para marcar distancias. Sin embargo, el problema es mucho más complejo. Cuando Elon Musk compró y transformó Twitter, una de sus primeras acciones fue eliminar la interfaz de programación para investigadores. La puso de pago, pero además redujo sus posibilidades con el objetivo de dificultar el acceso a los datos a unas investigaciones que delataban sus procederes. También lo hizo Meta, que eliminó Crowdtangle, limitando las investigaciones de los expertos a una biblioteca de Facebook que ofrece una irrisoria cantidad de datos. Las plataformas no tienen interés alguno en que los investigadores conozcan su funcionamiento interno. Los datos son suyos y ni la Ley Europea de Servicios Digitales, que entró en vigor a finales de 2022 y que obliga a dichas empresas a facilitar el acceso, ha cambiado sus intenciones. Dada la falta de voluntad de las plataformas tecnológicas por dar solución a estos problemas (sobre todo porque consideran que atenta contra su negocio), el problema interpela a la sociedad en su conjunto.

La educación es necesaria entre los jóvenes (también entre los mayores) para proteger la reputación, que sobrepasa el marco digital para afectarles en su vida personal analógica. Para ello se debe coordinar una acción colectiva de toda la sociedad que implique a instituciones, padres y madres, centros de enseñanza e incluso al mundo empresarial y cultural. Y claro, en todo ello es necesario una regulación que exija transparencia para que los y las usuarias puedan en todo momento decidir qué hacer con su información personal, con los datos que definen su identidad digital. Algunas investigaciones afirman que el nivel de concienciación sobre la importancia de la privacidad crece entre los jóvenes. Sin embargo, no lo hace a la velocidad con la que se expanden nuevos dispositivos y plataformas que los invaden día a día y les obligan a resituarse.

Una mirada retrospectiva dentro de una década puede ser enormemente cruel porque demasiadas personas han dedicado los mejores ratos de su vida en los últimos años a parecer lo que no son, con una auténtica obsesión por mentir a través de las redes sociales para obtener el beneplácito y el aplauso de desconocidos. Pero mentirse a uno mismo siempre es complicado y aunque la disonancia cognitiva vive en la actualidad uno de sus momentos estrella, nada parece indicar que las pretensiones de muchos acaben convirtiéndose en realidad. Ser uno mismo es suficiente. Ser humilde intelectualmente no siempre es fácil. ¿Cuál es el objetivo último de descargarse la última aplicación digital de moda que ayuda a visualizar a través de una capa fotográfica cuál será nuestra cara con treinta años más? El miedo a quedar marginado en la sociedad. Pensamos que la irrelevancia social está vinculada a la falta de éxito y no queremos escuchar que algunos de los famosos que se sinceran ante las cámaras reclaman a voz alzada ser libres y poder pasar desapercibidos. El proceso reidentitario vivido en las últimas décadas como respuesta a la insensible globalización ha provocado una pretensión casi enfermiza por formar parte de algo. Pero dicho anhelo solo responde al pavor que se experimenta cuando se piensa en la posibilidad de quedar socialmente expulsado. Es por eso por lo que se siguen prácticas de moda para contar con argumentos en la integración en el colectivo. Es por eso por lo que la última *app* la observamos como una llave a la aceptación. Al reconocimiento de los otros. Nos alegramos al ver una notificación por cualquier interacción en algunas de nuestras redes e incluso en ocasiones miramos una determinada *app* como cuando éramos adolescentes y descolgábamos el teléfono fijo de casa por si se había cortado la línea y por eso no recibíamos la llamada esperada.

Una investigación de la Counterpoint Research evidenció que el 25 % de los usuarios de *smartphones* consultados pasaban unas siete horas conectados al pequeño dispositivo. La media se situaba en la mitad. Tres horas y media al día. Más de un día entero a la semana. La gran mayoría en redes sociales. El móvil es el mundo, un mundo cada vez más polarizado. Segmentarizado. Prácticamente personalizado. Estanco. Fruto de los intereses de los grandes magnates.

Se calcula que Elon Musk donó alrededor de 200 millones de euros a la campaña de Trump, cuya victoria lo llevó al Departamento de Eficiencia Gubernamental, provocando un abandono masivo de miles de usuarios hacia nuevas plataformas como Threads o Bluesky. Un estudio[3] publicado por Nature Communications y dirigido por la Universidad de Londres, con la colaboración del instituto Alan Turing, investigó 375 millones de interacciones en X y concluyó que la red es usada para relegar a los adversarios, discrepantes o moderados y tratarlos como «enemigos».

Pese a que a menudo la realidad que se observa a través del aparato es una construcción, muchos y muchas observan el teléfono como la vida real, quedando como esclavos de grandes tecnologías que acaban dominando su pensamiento. A cambio de la comodidad de un mundo más placentero perdemos el dominio sobre nosotros mismos. Huxley y su mundo feliz de plena actualidad: «Una dictadura perfecta tendría la apariencia de una democracia, pero sería básicamente una prisión sin muros en la que los presos ni siquiera soñarían con escapar. Sería esencialmente un sistema de esclavitud, en el que, gracias al consumo y al entretenimiento, los esclavos amarían su servidumbre». Las burbujas de autoprotección y las cámaras de eco para escucharnos a nosotros mismos en las bocas de otros como zona de confort. Los problemas *offline* silenciados a través del teléfono móvil y su mundo, supuestamente, idílico. El público se siente reconfortado por un «me gusta», que supone prácticamente una droga que reporta placer. Es el paso necesario hasta la popularidad, hasta el reconocimiento. En un principio se pensaba que la tecnología no determinaba por sí sola

3 Falkenberg, M., Zollo, F., Quattrociocchi, W. et al. «Patterns of partisan toxicity and *engagement* reveal the common structure of online political communication across countries». *Nat Commun* 15, 9560 (2024). https://doi.org/10.1038/s41467-024-53868-0

el uso social que de ella se realiza. Hoy hay serias dudas sobre eso, ya que el retorno emocional que se obtiene modifica el comportamiento hasta el hecho de que los usuarios llegan a comprar su popularidad a pesar de saber que es falsa. Y a un precio relativamente barato. Con pocas decenas de euros se pueden conseguir miles de ficticios seguidores y, con ellos, la admiración de la gente real. El público, en las redes sociales, sigue y promociona a los populares. Importa poco la razón de la popularidad. Sentimiento de insignificancia individual y pavor ante el desarraigo social. Una base humana necesaria para el comportamiento posterior vinculado al dominio sin crítica.

En los usuarios que muestran síntomas de dependencia se producen cambios estructurales en regiones del cerebro como el sistema límbico, la corteza prefrontal, cingular y orbitofrontal vinculadas al procesamiento de la recompensa o el control de impulsos. El sistema de premios de las redes para mostrar el supuesto apoyo (o rechazo) social provoca la alteración emocional del sujeto, baja autoestima, inseguridad o problemas de reconocimiento identitario, además de irritabilidad, menores capacidades sociales o impulsividad.

Por citar algún dato más que muestre la situación real del panorama español, en 2023, y según se pudo extraer del estudio «La situación de la salud mental en España», que confeccionó la Confederación Salud Mental España y la Fundación Mutua Madrileña, cuatro de cada diez españoles aseguraban no gozar de una adecuada salud mental. El número de personas con ideas suicidas se lanzó al 15 % (un 17 % entre las mujeres, a pesar de que los suicidios consumados son tres veces más frecuentes entre los hombres según el INE).

Nomofobia, fomofobia, WhatsAppitis, Portatilitis, mal del iPod, depresión de Facebook, cibercondría, síndrome de Google, síndrome de la vibración fantasma, tecnofatiga, hiperpresentismo digital... la lista es inacabable.

La nomofobia es el miedo irracional a permanecer sin el teléfono móvil. Por poco que sea. Los síntomas son propios de los que siempre hemos oído vinculados a la drogodependencia.

Ansiedad, cefaleas, obsesión, irritabilidad, nerviosismo, taqui-cardias, dolores de estómago e incluso ataques de pánico. La dependencia es propia de la adicción. El Instituto Nacional de Estadística expuso que el 58 % de los hombres y el 48 % de las mujeres podrían padecer dicha nomofobia al temer quedarse sin su teléfono y todo lo que ello suponía. Un 9 % mostraban estrés con solo pensar en apagarlo. Más de la mitad justificaron sus sentimientos ante el aislamiento social y un 10 % achacaron su adicción a necesidades laborales. El INE reveló en 2020 que el 96 % de las familias cuentan con al menos un teléfono móvil y que el 77 % de las personas que acceden a internet lo hacen a través de él. De media, se consulta 34 veces al día. Los psicólogos afir-man que esta adicción al teléfono móvil está aumentando rápida-mente y que los adictos son cada vez más jóvenes, personas que no cuentan con capacidad intelectual y madurez suficiente como para entender la problemática. Los datos extraídos del Informe Ditrendia: Mobile en España y en el Mundo 2020[4] volvieron a ratificar la tendencia al alza en el uso de dispositivos móviles y redes sociales, con algunas conclusiones realmente preocupantes que, sin embargo, no recibieron los titulares de los principales medios de comunicación. Las encuestas realizadas en todo el mundo, por lo que hacía a España, desvelaban que 7,6 millones se entendían a sí mismos como adictos a sus teléfonos móviles. El 61 % de los preguntados respondió que su dispositivo era lo pri-mero y último que miraban cada día, mientras que 3,7 millones no podía pasar más de una hora sin consultarlo. Eso provocaba (tanto en España como en el resto del mundo) que los usuarios de internet dedicasen en 2019 casi 48 días completos a mirar su *smartphone*, con una media de 3 horas y 22 minutos al día. La media española era ligeramente inferior, pero entre los jóvenes entre dieciocho y veinticuatro años se iba hasta más de 6 horas al día, con un 70 % de dicho tiempo en aplicaciones de mensajería

4 Informe Mobile en España y en el Mundo 2020: https://ditrendia.es/informe-mobile-2020/

como WhatsApp (41 %) o redes sociales como Facebook (25 %). Casi 29 millones de españoles tenían redes sociales y cada uno una media de 8,4 cuentas. La actualización de los datos con los datos de dicho estudio en los años posteriores no hizo otra cosa que ratificar la tendencia expansionista, en todos los sentidos. Si el número de suscriptores móviles únicos en España fue de 40,1 millones en 2020 (lo que ya suponía una tasa de penetración del 86 %), en 2022 había ya más de 55 millones de líneas móviles en el país, lo que suponía una penetración del 118,8 %. De hecho 2021 fue el segundo año consecutivo en el que el 100 % de los hogares españoles contaba con un teléfono móvil. De los casi 44 millones de españoles que eran usuarios de internet en ese año, un 92,3 % accedían desde su teléfono móvil. Los países del este y del sur de Europa eran los que más crecían en usuarios y lo seguirán haciendo hasta el año 2025, donde se espera que el número de suscriptores móviles alcance los 480 millones (el 87 % de la población total europea).

Un estudio encuestó a 1.000 estudiantes en Corea del Sur, donde el 72 % de los niños de once o doce años poseen un móvil y pasan en promedio 5,4 horas al día en ellos. Encontró que casi el 25 % de los niños son adictos al móvil, en una tendencia que se agravó durante la crisis sanitaria por la pandemia del coronavirus, cuando el mundo se percibió como incondicional del teléfono. Más todavía enclaustrado en casa. El cierre de las escuelas norteamericanas por el coronavirus provocó que los niños de seis a doce años pasasen un 50 % más de su tiempo frente a las pantallas, según estadísticas de SuperAwesome, una empresa de tecnología especializada en jóvenes.

Según la ONG Common Sense Media[5] en 2021, el adolescente pasaba de media 8,4 horas al día delante de una pantalla, frente a las 6,4 horas de 2015. Entre 2011 y 2021 se dobló la cifra de depresión entre los jóvenes, mientras entre 2007 y 2019 se duplicó el número de suicidios ¿Relación directa y unidireccional con el

5 https://www.who.int/es/news/item/11-02-2022-icd-11-2022-release

consumo de internet? Por supuesto que no ¿Relación? Los informes clínicos dicen que sí. La Organización Mundial de la Salud (OMS) publicó una actualización sobre lo que denominó las tecnopatías (o enfermedades 3.0) en las que calificó la adicción a los videojuegos como un trastorno del control de impulsos, provocando fobias, molestias físicas o insomnio. Dada la ludificación que se experimenta a través de las redes sociales digitales, dicha consideración se puede trasladar también a la adicción a plataformas como Instagram, TikTok o YouTube.

La sobreexposición a los medios de comunicación y las redes sociales causan irritabilidad y ansiedad. La obsesión por la inmediatez de la información, sujeta tantas veces al consumo deprimente de malas noticias o al reto de la confrontación ante versiones discrepantes a la propia, se ha etiquetado como *doomscrolling*. Algo así como perdición ante el desplazamiento vertical en la pantalla digital. Dentro de la desintoxicación que todos y todas deberíamos protagonizar, diversificar es cuasi necesario, intentando no ofrecer tal cantidad de datos a una sola plataforma como Facebook o Google. Internet es inacabable y si se investiga y se consume de forma responsable supone una fuente de conocimiento. Incluso hay aplicaciones que te permiten combatir el exceso de consumo. Se pueden programar descansos, desintoxicaciones diarias de información. Es necesario, por el bien individual pero también para una sociedad que interpreta las redes sociales como una droga de la que sustraer placer. Desconectar completamente de la información digital puede costar horas, que ni mucho menos, de forma general, se ofrecen, dado que la consulta es constante, adictiva, recurrente.

Las redes sociales permiten un mitin en el que cada persona presente puede subir al estrado y opinar. Es un baño de multitudes regado de la satisfacción del aplauso fácil y el elogio interesado. Vacío pero efectivo en el mecanismo de unir a los ya convencidos y fortalecer las razones de combate frente a los disidentes. Sugestión de masas sin salir de la comodidad de la cama. Las redes sociales permiten fortalecer permanentemente los vínculos afectivos con el simple objetivo de asegurar la existencia de los seres. El éxito social o deportivo se mide en *likes*. De forma artificial, se establecen vínculos que, a través de acciones de reconocimiento, se utilizan (sin que sirvan en el largo recorrido) para aliviar la incertidumbre de un tiempo fugaz y fragmentado. Las redes sociales ayudan a crear escenarios paralelos que permiten sustituir a los grupos sociales que, hace décadas, engarzaban a las sociedades a través de vinculaciones en ocasiones mantenidas y edificadas durante toda la vida, caso de la Iglesia, los partidos políticos o las comunidades de vecinos. Al trasladarse esas comunidades de afecto al teléfono móvil, apagarlo produce angustia. Perderlo, pavor. Sin el móvil, vuelve la soledad en una sociedad individualizada y sin bisagras. Un desamparo agravado por el anonimato en un tiempo en el que nada puede ser peor que ser un elemento insignificante diluido en la masa. Tu amigo en Facebook sustituye a tu vecino, pero el primero nunca tiene sal y mucho menos te ayuda cuando sufres un repentino soponcio al subir por la escalera. La ansiedad de la soledad, a la larga (cuando la reflexión pausada y compleja se impone) no desaparece con las comunidades imaginadas de protección creadas digitalmente. La argumentación más usual es la amenaza, en caso de no contar con un perfil social, de ser aislado, con una posible disminución de las posibilidades de progreso. De relaciones sociales o amorosas, pero también laborales. La politóloga Elisabeth Noelle-Neumann teorizó en 1977 la espiral del silencio con la que intentó entender la opinión pública y la adaptación que los individuos realizan en función de las actitudes predominantes sobre lo que es aceptable y lo que no, siempre huyendo del aislamiento ante la discrepancia. La hegemonía provoca el silencio de aquellos que mantienen posiciones diferentes a las mayorías.

En 2021 se quitaron la vida en España 314 menores de edad según el Instituto Nacional de Estadística (INE), con 22 de ellos menores de 15 años, un 57 % más que en 2020. Por cada suicidio consumado, además, hay entre 100 y 200 intentos de cometerlo. «Los adolescentes se suicidan por las mismas cosas de antes, pero ahora las redes les asfixian la vida. No quiero sonar muy pesimista, pero las redes están acabando con ellos. Estamos en nuestro peor momento: tenemos que seguir haciendo el trabajo que teníamos pendiente, pero las pantallas y cómo afectan al neurodesarrollo en la infancia han hecho muchísimo daño y nos ha desbordado», arguye el psicólogo Francisco Villar. El caso de la joven Molly Russell levantó todas las alarmas en el Reino Unido y se convirtió en tema de debate mundial. Tras suicidarse a los catorce años, su padre encontró numerosas búsquedas tanto en Instagram como en Pinterest sobre el proceso de quitarse la vida. Más de dos mil publicaciones relacionadas consultadas que, lejos de levantar las alarmas, promocionaron de alguna forma sus ideas. Los algoritmos de las redes sociales actúan como amplificadores de los mensajes. Refuerzan y engrandecen las obsesiones, además de forma secreta e individualizada. En la habitación de cada casa. Si se busca información sobre suicidio, las redes (en su búsqueda de la fidelización, de la atención) ofrecen publicaciones, recomiendan nuevos datos y venden más «producto». La información cada vez es mayor, cada vez más extrema. Pasa en los casos de ideas suicidas y pasa también referente a la ideología política, voluntariamente cada vez más radicalizada[6].

6 La plataforma YouTube de vídeos se ha convertido en uno de los medios preferidos por los jóvenes y en un espacio de consulta necesaria si se busca cualquier información con contenido audiovisual. Conozco de alguien que pasaba horas en YouTube (y evidentemente no es el único) mirando a un adolescente jugar a un videojuego. Es decir, invertía su tiempo mirando a otro jugar. Malgastaba su vida en la ficción de una ficción. YouTube cuenta con un mecanismo algorítmico que le permite conocer a sus usuarios y ofrecerles contenidos similares a los que va visualizando. De hecho, hicieron público un estudio en el que aceptaban que el 70 % de las visualizaciones en su plataforma respondía a sugerencias que ellos les habían hecho a sus usuarios. Cada minuto se suben cuatrocientos minutos de vídeos. Un mar de opciones. Se favorece, claro está, con una reproducción continuada en la que los vídeos van enlazándose con contenidos similares. Millones de canciones *indies*, tropecientos vídeos de gatos, trillones de goles en bucle. Pero también política. Y opciones ideológicas de muchos tipos. Extrema derecha y mensajes de odio, los que busques.

Zeynep Tufekci lo explicó a la perfección en un artículo titulado «YouTube, el gran radicalizador del siglo XXI» en el periódico *The New York Times* que, por su interés y utilidad, reproducimos completo:

Algoritmos al servicio de la compulsión. Para personas con una salud mental delicada, las redes sociales son gasolina hacia la depresión, las autolesiones o el sometimiento. En 2024, Instagram lanzó unas nuevas normas comunitarias que explicaban: «La comunidad de Instagram es un lugar en el que los miembros cuidan los unos de los otros y al que acuden personas que se enfrentan a situaciones difíciles, como trastornos alimenticios o autolesiones (como cortes o de otro tipo), con el fin de concienciar al resto de los miembros o buscar apoyo.

Antes de que pasara mucho tiempo, se me dirigía a videos de una tendencia conspiratoria izquierdista, incluyendo argumentos sobre la existencia de agencias gubernamentales secretas y alegatos de que el gobierno de Estados Unidos estaba detrás de los atentados del 11 de septiembre de 2001. Como pasó con los videos de Trump, YouTube recomendaba contenido que era más extremo que los ofrecimientos políticos convencionales con los que yo había comenzado.

Intrigada, experimenté con temas no políticos. Emergió el mismo patrón básico. Los videos sobre el vegetarianismo llevaron a videos sobre el veganismo. Los videos sobre hacer trote condujeron a videos sobre correr ultramaratones.

Parece que uno nunca es lo suficientemente "fanático" para el algoritmo de recomendaciones de YouTube. Promueve, recomienda y difunde videos en una manera que parece constantemente elevar la apuesta. Dados su alrededor de mil millones de usuarios, YouTube podría ser uno de los instrumentos de radicalización más potentes del siglo XXI.

Pese a toda su retórica loable, Google es un agente de publicidad que vende nuestra atención a las compañías que pagarán por ella. Mientras más tiempo se queden las personas en YouTube, más dinero gana Google.

¿Qué mantiene a las personas pegadas a YouTube? Su algoritmo parece haber concluido que las personas son atraídas a contenido que es más extremo que el que vieron al principio, o al contenido incendiario en general.

¿Es correcta esta sospecha? Es difícil conseguir datos confiables; Google se muestra reacia a compartir información con investigadores independientes. Pero ahora tenemos los primeros atisbos de confirmación, gracias en parte a un ex ingeniero de Google llamado Guillaume Chaslot.

Chaslot trabajó en el algoritmo de recomendaciones cuando estaba en YouTube. Se alarmó ante las tácticas utilizadas para aumentar el tiempo que las personas pasaban en el sitio. Google lo despidió en 2013, citando su desempeño laboral. Él sostiene que la verdadera razón fue que presionó demasiado por cambios en cómo la compañía maneja asuntos de esta índole.

The Wall Street Journal realizó una investigación del contenido de YouTube con la ayuda de Chaslot. Encontró que el sitio muchas veces "mostraba videos de extrema derecha o extrema izquierda a los usuarios que veían fuentes de noticias relati-

Tratamos de aportar nuestro granito de arena proporcionando materiales educativos en la aplicación y añadiendo información en el servicio de ayuda para que todo el mundo reciba la ayuda que necesita. Animar o instar a personas a autolesionarse va en contra de este entorno de apoyo, por lo que retiraremos o inhabilitaremos las cuentas que reciban denuncias en este sentido. Es posible que también retiremos contenido que identifique a

vamente convencionales", y que esas tendencias extremistas eran evidentes en una amplia variedad de material. Si uno buscaba información sobre la vacuna contra la influenza, se le recomendaban videos de conspiración antivacunas.

También es posible que el algoritmo de recomendaciones de YouTube tenga un sesgo hacia el contenido incendiario. Antes de la elección de 2016, Chaslot creó un programa para mantener un registro de los videos más recomendados de YouTube así como sus patrones de recomendaciones. Descubrió que independientemente de que uno empezara con un video pro-Clinton o pro-Trump en YouTube, tenía muchas veces más probabilidades de terminar con una recomendación de un video pro-Trump.

Si se combina este hallazgo con otras investigaciones que muestran que durante la campaña de 2016, las noticias falsas, que tienden hacia lo estrafalario, incluían mucho más contenido pro-Trump que pro-Clinton, la inclinación de YouTube hacia lo incendiario parece evidente.

YouTube ha estado bajo fuego recientemente por recomendar videos que promueven la teoría de conspiración de que los sobrevivientes sin pelos en la lengua del tiroteo escolar en Parkland, Florida, son "actores de crisis" que se hacen pasar por víctimas. Jonathan Albright, un investigador de la Universidad de Columbia, en Nueva York, "sembró" en fechas recientes una búsqueda de "actor de crisis" en una cuenta de YouTube y encontró que seguir las recomendaciones "a continuación" llevaba a una red de unos 9 mil videos que promovían esa teoría de conspiración y otras relacionadas.

Lo que estamos presenciando es la explotación informática de un deseo humano natural: mirar "detrás de la cortina" y ahondar más en algo que capta nuestra atención.

Esta situación es especialmente peligrosa dada la cantidad de personas —sobre todo jóvenes— que recurren a YouTube en busca de información. Las laptops Chromebook baratas y robustas de Google, que ahora conforman más del 50 por ciento del mercado de laptops para la educación preuniversitaria en Estados Unidos, típicamente vienen cargadas con acceso fácil a YouTube.

Esta situación es inaceptable, pero no inevitable. No hay razón para dejar que una compañía gane tanto dinero al tiempo que potencialmente ayuda a radicalizar a miles de millones de personas, cosechando los beneficios financieros mientras pide que la sociedad cargue con tantos de los costos.

personas que se autolesionan o que solían hacerlo si este se utiliza como forma de ataque o burla»[7].

La digitalización se ha convertido en un elemento clave para conocer la identidad de las nuevas generaciones, con una transformación profunda tanto de la individualidad como de las relaciones sociales. Se habla de una socialización dualizada, con una construcción de prácticamente dos personas en una: aquella física que afronta algo parecido a lo que se vivía hace unas décadas durante la adolescencia y otra digital, en la que los asideros educativos podríamos decir que son inexistentes sobre personas que, a menudo, acceden a las innovadoras tecnologías de la comunicación y la información de forma prematura. Construyen el 50 % de su ser sin referentes. Además, la mitad que más les motiva en muchos casos. Y lo hacen en un mundo, el digital, auténticamente salvaje, atroz, caótico, sin regulación. Es allí donde edifican sus grupos de relaciones, sus redes de confianza y protección, sus canales de intereses comunes. En un mundo en el que la responsabilidad social queda diluida, como mínimo, por la falta de tacto, en el sentido literal de la palabra. Las campañas que implican compromiso social a menudo abusan de la banalización, cuando no de la más profunda de las simplificaciones. El mundo digital está desmembrado y complica la cobertura social real. Sin que se favorezca la capacidad crítica, la significación última de la madurez y la independencia humana. La analfabetización digital conduce a la analfabetización mediática y, con ello, a la incapacidad para diferenciar entre falso y real, verídico y manipulado. En un momento posmoderno, además, que deslegitima la certeza y dinamita la verdad. Arendt defendió que el sujeto ideal para un gobierno totalitario «no es el nazi convencido ni el comunista convencido, sino el individuo para quien la distinción entre hechos y ficción (es decir, la realidad de la experiencia) y la distinción entre lo verdadero y lo falso (es decir, los estándares del pensamiento) han dejado de existir»[8].

---

7 https://help.instagram.com/477434105621119/?locale=es_LA
8 ARENDT, Hannah: *Los orígenes del totalitarismo*. Versión española de Taurus. 1974. Consulta digital. Pág. 979.

El ecosistema digital sigue sin debate generalizado que permita conocer sus aportaciones tanto positivas como negativas. El estudio «Epidemiology of online sexual solicitation and interaction of minors with adults: A longitudinal study»[9], realizado por la Universidad Internacional de La Rioja (UNIR) con la colaboración de investigadores de la Universidad del País Vasco, la Universidad de Deusto y la Universidad de Barcelona con más de mil alumnos españoles mostró que el 23 % de los menores de entre 12 y 15 años recibieron a través de internet alguna petición de carácter sexual de un adulto y un 14 % interactuó. Afectó, mayoritariamente (74,5 % del total) a chicas. Por su parte, en 2021, Unicef hizo pública la investigación «Impacto de la tecnología en la adolescencia: relaciones, riesgos y oportunidades»[10] con aproximadamente cincuenta mil menores de edad y que mostró que el 57,2 % de los que se encontraban entre los 11 y 18 años aceptó alguna vez a un desconocido en una red social, mientras el 21,5 % llegó a quedar personalmente. Muy preocupante si se tiene en cuenta que el 81 % de los menores tiene presencia en internet antes de cumplir los seis meses por culpa de la exposición de los padres, según un estudio de la empresa de seguridad informática AVG.

En las normas comunitarias aprobadas por Instagram en 2024 se especificaba en este sentido: «Somos conscientes de que quizá algunas personas quieran compartir imágenes de desnudos de carácter artístico o creativo; sin embargo, por diversos motivos, no permitimos que se publiquen desnudos en Instagram. Esta restricción se aplica a fotos, vídeos y determinado contenido digital que muestren actos sexuales, genitales y primeros planos de nalgas totalmente al descubierto. También afecta a algunas fotos de pezones femeninos al descubierto, aunque estas fotos se permiten

9 J Ortega-Barón, J M Machimbarrena, E Calvete, I Orue, N Pereda, J González-Cabrera: «Epidemiology of online sexual solicitation and interaction of minors with adults: A longitudinal study». DOI: 10.1016/j.chiabu.2022.105759 https://www.sciencedirect.com/science/article/abs/pii/S0145213422002915

10 https://www.unicef.es/sites/unicef.es/files/comunicacion/Informe%20 Impacto%20de%20la%20tecnología%20en%20la%20adolescencia.pdf

en el contexto de la lactancia, un parto o los momentos posteriores, situaciones relacionadas con la salud (por ejemplo, después de una mastectomía, para concienciar sobre el cáncer de mama o en relación con cirugías de confirmación de género) o como acto de protesta. También se aceptan desnudos en fotos de cuadros y esculturas. A las personas les gusta compartir fotos o vídeos de sus hijos. Sin embargo, por razones de seguridad, es posible que en determinadas ocasiones retiremos imágenes que muestren niños total o parcialmente desnudos. Aunque este contenido se comparta con buena intención, otras personas podrían utilizarlo de un modo imprevisto».

El mundo digital ofrece un espacio de expansión mental a unos jóvenes que en muchos casos no están preparados madurativamente para digerir de forma compleja lo expuesto, que es todo y mucho más. Mucho más porque a la realidad se le suma el contenido realista pero no real. Por ejemplo, vinculado a las creaciones de la inteligencia artificial, que es capaz de crear contenido sexual o erótico con el rostro de cualquier persona. Los jóvenes (cada vez más niños) desarrollan una vivencia mixta en un territorio sin ley que promociona sus obsesiones. Entre aquellos que nacieron con posterioridad a los noventa no existe posibilidad de entender el mundo alejado de lo digital. Alrededor del 40 % de los jóvenes entre 18 y 24 años utilizan las redes sociales como fuente principal (a menudo única) de información, sobre todo a través de Instagram, TikTok y YouTube, según expuso el Instituto Reuters y la Universidad de Oxford. «No quiero tantos detalles», alegan. Prefieren vídeos cortos. La simplificación como recurso, la desorientación orgullosa.

El ciberacoso y las autolesiones comienzan ya en quinto de Primaria. No hay espacio seguro porque el hogar, sujeto también a menudo a la dictadura del teléfono móvil, queda bajo la influencia de las agresiones sufridas digitalmente, donde es hegemónico (por la promoción de los algoritmos) un modelo de hombre y de mujer (de niño y de niña). La dismorfia corporal es impuesta entre unos y unas jóvenes que vinculan lo válido a la aprobación externa.

Dicho malestar, evidentemente, se traslada a las relaciones sociales, con núcleos familiares que pivotan sobre los constantes desacuerdos sobre el uso de las nuevas tecnologías. Los jóvenes digitales no entienden las razones que llevan a los padres (a algunos padres y madres) a oponerse a la dinámica general, un tsunami que no para de crecer y sobre el que es difícil mostrar contestación. La tecnología penetra sin preguntar sobre todos los aspectos de nuestras vidas, en teoría facilitándonos el día a día, pero con consecuencias desconocidas. Cualquier propuesta de vida *offline* es interpretada como aislamiento social.

Internet y las redes sociales ofrecen un nuevo espacio de confrontación de ideas que no ha sido suficientemente estudiado, con drásticas consecuencias sociales y con ciudadanos que confunden los límites de la libertad de expresión o no conciben el peligro de la desinformación. Hoy, parafraseando a Marshall McLuhan, el ciudadano es el mensaje, dado que el pensador de Edmonton consideró que el medio era el mensaje y hoy cada vecino se ha erigido como un medio de creación y publicación de los discursos y la minusvaloración de los hechos se hace posible en una población con débil cultura política y escasos hábitos lectores, que no considera necesario conocer las fuentes para evaluar la credibilidad de un contenido. Y con la desinformación llega el descrédito del sistema, dado que la confusión desemboca en desconfianza. También en el estamento político. En la época de la atomización mediática, el instagramer es un referente discursivo y la espectacularización del mensaje se observa como vital.

Cualquier comunidad adquiere rasgos propios más allá de la suma de las particularidades de sus integrantes. Y cualquier comunidad es cualquier comunidad, se hable de las naciones, las etnias, los géneros o cualquier tipo de agregación social, también las deportivas. Los individuos transforman su identidad prácticamente a diario, adaptándose a las necesidades vitales, tanto en los ejercicios básicos de reproducción como seres humanos como en los complementos que les permiten ser felices. O al menos intentarlo. Sin embargo, las comunidades (dichas agregaciones artificiales) no cambian con tanta facilidad. Son, por supuesto, entes mutantes, plurales y troceados y su configuración (y por lo tanto su cambio) está sujeto a correlaciones de fuerza que rara vez se modifican de la noche al día. Las identidades colectivas dependen del conflicto diario de los diferentes referentes que convergen dentro de ella y que son politizados a razón de su capacidad para «dañar» a los individuos. Cualquier tema sometido a conflicto identitario puede quedar congelado en el tiempo y dejar de ser un elemento de movilización social. También cualquier otro puede emerger y pasar a ser hegemónico en la configuración del discurso político, del enfrentamiento ideológico y de la pugna social. Por tanto, de la configuración de la identidad y, prácticamente asociado, de la realidad.

Dichos procesos se han intensificado con el fortalecimiento del mundo tecnológico. Ya en 1995, un visionario Jean Baudrillard afirmaba: «Lo virtual no necesita ninguna identidad. Y eso es así porque tiene la posibilidad de una metamorfosis continua. La fascinación de lo virtual es que cada uno puede transformarse en cualquier cosa. Es, por definición, el final de la identidad. Lo que sí puede haber son reacciones tibias de subjetividad. Estoy seguro de que el mundo interconectado va a crear movimientos violentos que busquen una singularidad étnica, lingüística, cultural... Algunos conflictos actuales, como el de Bosnia, son ya producto del afán virtualizador del mundo, porque todavía hay gente que ofrece una resistencia muy fuerte a perder su identidad. De hecho, me parece que viviremos una separación entre dos mundos bien distintos. Por un lado estará el supuesto orden cosmopolita y transnacional que nos ofrecen ya las autopistas de la información y, por otro, estarán las minorías pujando por una identidad propia. Las elites electrónicas provocarán la aparición de un cuarto mundo informáticamente subdesarrollado. Esto no quiere decir que los perdedores se convertirán en el nuevo proletariado capaz de subvertir el sistema. Simplemente, serán excluidos. Mientras, los que tengan acceso a la tecnología serán un grupo de poder cada vez más fuerte»[11].

---

11 «Las élites electrónicas provocarán la aparición de un Cuarto Mundo informáticamente subdesarrollado». *Muy Interesante*. 173. Consultado el 12 de septiembre de 2020. Disponible en: https://goo.gl/ETEpsW

Cualquier elemento de identificación es cultural, es decir, una construcción. Una forma de ver el mundo impuesta por una minoría con voluntad de convertirse en hegemónica. Es una búsqueda de poder. De sentido. La priorización de unos sobre otros responde a dicha lucha (normalmente mental pero demasiadas veces física) por alterar el orden establecido. Dicha afirmación no resta importancia a las identidades. Son claves en la configuración de la sociedad y a menudo han permitido avances sociales destacados que han fortalecido la democracia al favorecer la pluralidad. Sin embargo, no quita eso relevancia a la configuración impuesta tras una visión particular.

Ya la construcción de la identidad individual supone un constante choque entre los diferentes elementos en liza en nuestras vidas, visibles tras un proceso de maduración intelectual como consecuencia de las imposiciones sociales tangibles e intangibles. La identidad personal es un proceso creativo en continua transformación, afectando esta a la participación de dicho individuo en la sociedad, dada su aportación (no solo ya cambiante) sino particular, exclusiva, única. La identidad es fruto de una negociación. El ambiente familiar establece las creencias que trabajan en el primer estrato de configuración de la identidad personal, para intervenir después las relaciones sociales que permiten una modificación sustancial por la influencia colectiva, tanto directamente vivida como abstractamente adquirida a través del conocimiento plural. El campo de las oportunidades favorecerá después la identificación en comunidades y la intensidad de los dos primeros factores (creencia e influjo) repercutirá en la solidez de la vinculación en el colectivo.

Según Alan Rusbridger (exdirectora durante dos décadas del prestigioso periódico *The Guardian*): «Las sociedades no pueden funcionar si sus ciudadanos no acuerdan qué significa evidencia, hecho y verdad. Quizá nos ha llevado demasiado tiempo darnos cuenta. El consejo asesor de contenido parece ser el primer paso atrevido e imaginativo por uno de los actores principales para encontrar un modo de reconciliar la necesidad de imponer algún tipo de estándar o juicio a lo que se publica, mientras que se siga manteniendo las cosas que son maravillosas sobre redes sociales y necesarias para la libertad de expresión».

La ciudadanía en general todavía no ha interiorizado suficientemente que en internet nada es gratis y que el tiempo invertido y los datos regalados tienen un alto valor. Los algoritmos de las redes sociales están alimentando un consumo cada vez más pasivo entre los usuarios, visionando un mundo personalizado por una máquina en función de nuestros supuestos intereses, pero también de beneficios empresariales. Los ciudadanos, en la actualidad, entregan gratuitamente sus datos. Facebook, gracias a la información que le han regalado, es capaz de establecer los rasgos principales de un tercio de la población mundial, de la que conoce su nombre, edad, estado civil o ubicación. La potencialidad comercial de dicha información es incalculable. Incluso algunas plataformas o sistemas de identificación presencial exigen aportar la huella dactilar. Todo a cambio de poco. De mucho si se tiene en cuenta nuestra necesaria calificación de seres sociables pero escaso si de retorno emocional a largo recorrido se refiere. De lo contrario, algunas de las empresas más pujantes del mundo (auspiciadas por el cada vez más valorado poder de lo tecnológico) no estarían invirtiendo el tiempo de sus mejores cerebros en conocer y desarrollar las herramientas más avanzadas (y sutiles) para el control ciudadano. Sutiles, cabe matizar, en los países democráticos en los que la manipulación y el control de la ciudadanía todavía cuentan con algunas (pocas y cada vez menos) reticencias. No es así en otras sociedades de poder más autoritario como la china en la que el gobierno ya ha desarrollado sistemas de control que suponen un auténtico misil contra los derechos elementales de las personas. Facebook (recuerden, como paradigma) no es una inocente trasmisión de informaciones. No es tampoco una plataforma aséptica, apolítica. Es un mundo irreal diseñado para ti con el objetivo de emocionarte en muchos sentidos diferentes. Desde la emoción serás más controlable porque actuarás de forma más impulsiva. Es publicidad aplicada a todos los aspectos de la vida. Es psicología cognitiva a través de la tecnología más avanzada y con la complicidad de un mundo entero que se siente poderoso con un teléfono móvil en la mano, que ha resultado la herramienta de control más importante de la historia. Las plataformas para expandir dicho control son infinitas. Millones de aplicaciones similares y distantes, cada una con unas posibilidades. A menudo con la creación y generalización de necesidades nuevas.

¿Por qué esta introducción si se supone que Strava y el resto de las redes sociales centradas en el deporte son otra cosa? Por la simple razón de que, una vez han ido introduciendo paulatinamente herramientas de las redes sociales genéricas para captar la atención y asegurarse así la fidelidad, dejaron de ser esa otra cosa y pasaron a convertirse en plataformas destinadas a configurarse en comunidades virtuales que asegurasen el beneficio empresarial a través del ejercicio de compartir los datos personales a la búsqueda de reconocimiento social. Los problemas asociados a dicho comportamiento se intentan explicar en este estudio.

Una comunidad mundial de deportistas

El consumo ha vivido un salto generacional y hoy, entre los jóvenes, no se entiende el deporte sin la generación de contenido digital. Consumen y crean. Las generaciones Z y Alpha (más o menos entre 1996 y 2010 en adelante) tienen una nueva forma de relacionarse con el deporte. El estudio «Global Kids Sports Report: fandom y participación» de We Are Family analizó las respuestas de 4.300 niños y niñas de entre siete y doce años en siete países del mundo, entre ellos España. En la configuración y consolidación de los referentes deportivos antes tenía más peso la herencia familiar y la presencialidad, mientras en la actualidad estas nuevas generaciones se ven influenciadas por los medios de comunicación, las amistades y las redes sociales digitales, entre las que destaca YouTube con un 69 % de consumo. A pesar de su hegemonía no es la única y de hecho la gran característica de dichas generaciones es el consumo multiplataforma, obligando a los creadores a configurar contenido específico. El deporte crea identidad, como siempre, pero ahora bajo las herramientas digitales, fortaleciendo la dualidad.

La plataforma de comercio electrónico Miravia constató en julio de 2024 que los deportistas profesionales se han convertido en prescriptores de marca. Así lo creen el 70 % de los españoles, logrando los mayores niveles de confianza entre los más jóvenes. Y el consumo en el ámbito más real, en el analógico, a menudo depende de ello. Según Miravia, más de la mitad de los españoles afirmó tener mayor interés en los Juegos Olímpicos (que por entonces se celebraban en París) gracias a la actividad en redes sociales de determinados deportistas. Y no se está hablando de una influencia menor. El gasto en deporte crece en el territorio español prácticamente cada año. Según datos publicados cada año por el Instituto Nacional de Estadística (INE) el gasto en deporte superó los 6.000 millones en 2023, un 5,2 % más que antes de la pandemia de 2020. Prácticamente la población entera del país consume en deporte, ya sea con la compra de productos para practicarlo, en televisión, en viajes o en entradas para eventos. Por su parte, los viajes para practicar o ver deporte dejaron un impacto directo en el España de 7.305 millones de euros en 2023 según el Anuario de Estadísticas Deportivas elaborado por el Ministerio de Educación, Cultura y Deporte.

Si se reduce el prisma, el Medio Maratón de Madrid dejó un impacto económico de 14,6 millones de euros en la ciudad en 2023, de los que hasta 8 millones de euros fueron generados de forma directa, según los datos del estudio económico elaborado por la Universidad Europea[12]. Por último, el Maratón Valencia Trinidad Alfonso Zurich sigue batiendo récords con cada edición y en 2023 concentró a 32.455 inscritos, un 17 % más que en 2022. El gasto turístico (los corredores extranjeros aumentaron un 29 % sobre 2022 y representa el 57 % del total) fue de 31,3 millones de euros, un 9,8 % más que en 2022, según el Informe de Impacto Económico de la prueba elaborado por el Instituto Valenciano de Investigaciones Económicas[13]. Por cada euro gastado en la organización se generaron cinco.

Es en dicho contexto de transformación estructural y aumento del consumo específico en el que se expande Strava como buque insignia de las redes sociales digitales centradas en el deporte hasta convertirse en la gran comunidad mundial de referencia. Strava es causa y consecuencia de dichas transformaciones en las formas de ver, consumir y practicar deporte, prácticamente todos y cada uno de ellos.

Aliado inesperado del espionaje militar. Con dichos términos tildaron los medios de comunicación de ámbito internacional la aplicación deportiva Strava en enero de 2018 ¿Las razones? La *app* compartió públicamente la posición de soldados de los EE. UU.

---

12 https://www.mediomaratonmadrid.es/web-noticia/leer/2023-09-28-el-movistar-madrid-medio-maraton-2023-tuvo-un-impacto-economico-en-la-ciudad-de-14-6-millones-de-euros#:~:text=El%20impacto%20económico%20total%20del,por%20la%20celebración%20del%20evento

13 https://www.valenciaciudaddelrunning.com/revistas/43-MVTA-2023-ivie/

de América que se ejercitaron en sus bases militares de Al-Tanf en Siria y Helmand en Afganistán, con una detallada estructura de los complejos que se podía identificar a través de los recorridos de los deportistas. Todo ello para sacar pecho por el impacto internacional que habían conseguido y que exponía a través de un mapa de puntos calientes con más de mil millones de actividades. Lo desveló el australiano de veinte años Nathan Ruser, quien por entonces estudiaba seguridad internacional en la Universidad Nacional Australiana y trabajaba para el Instituto de Analistas de Conflictos Unidos. También se hizo pública la geolocalización de una patrulla turca en el norte de Manbiy (Siria), el perímetro de la principal base área de Rusia en Siria o la base de la fuerza aérea británica en Mount Pleasant, en las islas Malvinas.

En junio de 2022 el grupo israelí de inteligencia de código abierto FakeReporter volvió a detectar un grave caso de espionaje sobre sus bases militares secretas. Steve Loughran, un investigador de seguridad informática, desveló también en 2018 cómo se podía desbloquear fácilmente el anonimato de los usuarios de Strava, por lo que recomendaba no usar el nombre real, crear áreas privadas y «no esforzarse demasiado» para no aparecer en los *rankings* de los deportistas más rápidos (Loughan, 2018). «No vendemos datos. Por eso tenemos un equipo dedicado a pensar en todo lo relacionado con la privacidad y la confianza. Queremos que nuestros atletas ejerzan mucho control sobre cómo aparecen sus datos en la experiencia. Cuentan, para ello, unos precisos ajustes de privacidad al detalle que tratamos de hacer fáciles de entender. La privacidad forma parte de la experiencia. Creemos que la relación que tenemos con los 95 millones de personas que se han registrado en Strava se basa en la confianza. Si no pueden confiar en nosotros, no contribuirán aportando sus actividades. Y eso requiere que confíen en que hacemos cosas buenas. Tratamos los datos pensando en la confidencialidad y la privacidad (...) Los datos están seguros con Strava. No los vendemos, a nadie. Estamos construyendo una marca que estará aquí durante el próximo siglo o más allá. Y necesitamos montar un negocio que lo soporte, y está basado en nuestro modelo de suscripción. Ofrecemos una experiencia por la que vale la pena pagar. No vendemos al cliente»[14], respondió Michael Horvath, cofundador de la popular *app* en una entrevista con el periódico español *El País* en enero de 2022.

En 2016, el ejército estadounidense prohibió, por razones similares de geolocalización, la aplicación de juego Pokémon Go en teléfonos gubernamentales. El hecho es que dichos problemas puntuales de seguridad (casi anecdóticos a pesar de su gravedad) conviven con otros potencialmente más graves como consecuencia del uso de aplicaciones digitales deportivas, caso de la afectación de la salud mental de los usuarios y usuarias. Todo ello como fruto de un inexistente análisis de las consecuencias asociadas al uso masivo, adictivo e indiscriminado de dichas redes sociales, con paralelismos claros con el uso de otras plataformas como Facebook, Instagram o TikTok. Además, la exposición pública tiene, desgraciadamente, una dimensión diferente para las mujeres, que pueden ver en peligro su integridad personal si publican las rutas y las horas con las que, diariamente, realizan sus sesiones deportivas. Es por ello por lo que la aplicación puso en marcha controles específicos de seguridad (siempre con la obligación de ser seleccionados intencionalmente por cada usuaria) para una comunidad femenina que experimentó el mayor sector de crecimiento en Strava. La situación es diferente para cada país (de los 190 en los que tiene arraigo), incluso para cada persona. Se suben 50 millones de actividades a la semana.

Strava resultaría la comunidad mundial más numerosa y, con ello, la aplicación móvil representativa del sector, en el que destacan también otras con miles de seguidores y seguidoras. Es el caso de Garmin Connect, Meet Up, Runtastic, Timpik, MyBestChallenge, Social Sports, Linked2play o Zepp. Aznar, Cáceres, Trujillo y

14 *El País*. Entrevista a Michael Horvath: «Nos dijeron que la tecnología necesaria para crear Strava nunca iba a existir»: https://elpais.com/tecnologia/2022-01-31/nos-dijeron-que-la-tecnologia-necesaria-para-crear-strava-nunca-iba-a-existir.html Publicado el 31 de enero de 2022. Consultado el 25 de septiembre de 2022.

Romero demostraron en 2019 que el uso de *apps* mejora la actividad física e incide en la disminución del peso corporal ya que las de carácter lúdico llevan asociado un componente motivacional intrínseco. Se refuerza la actividad física a través del juego con *apps* como Pokémon Go o Zombies Run. Dado que el presente estudio busca vincular el consumo de dichas redes sociales con la afectación de la salud mental de los usuarios y usuarias, se centrará en la plataforma que, por su difusión y éxito, mayor capacidad tiene para llegar a un público amplio. Es decir, Strava, que además triunfó tras incorporar la interacción entre los miembros de su comunidad.

En 2013, Strava tenía menos de diez millones de usuarios, pasando, diez años después, a los 120 millones en todo el mundo, sobre todo como fruto de la creación de comunidades con motivaciones afines, la diversificación deportiva, la compatibilidad tecnológica para conseguir una integración de dispositivos (desde relojes especializados a la *app*) y la gamificación a través de recompensas virtuales y *rankings*. Strava, la aplicación reina en el mundo, contaba en 2024 ya con más de 125 millones de usuarios. Según el portal We Are Social a través de su «Global Digital Report 2024»[15], los usuarios de redes sociales superaron la marca de los 5.000 millones, con un crecimiento anual por encima del 5 %, con el liderazgo de Facebook con 3.049 millones, seguido por YouTube con 2.491 y WhatsApp con 2.000. Instagram registraba también 2.000 millones, TikTok 1.562, Wechat 1.336 y Facebook Messenger 979. Representaban en total el 62,3 % de la población mundial. Más de dos tercios de la población mundial utiliza móviles inteligentes. Además, aumenta el tiempo invertido en las redes sociales, con una media de 2 horas y 23 minutos por día. Los españoles navegan al día 1 hora 54 minutos, lo que contrasta con países como Sudáfrica, Brasil o Kenia, con casi cuatro horas de consumo diario. Y evidentemente, no solo capta la atención ciudadana. Dicha voluntad de afianzar la permanencia en las redes en particular o en internet en general busca abrir posibilidades de

15 https://wearesocial.com/es/blog/2024/01/digital-2024/

mercado. De hecho, el 70 % de la inversión publicitaria mundial se destinó a canales digitales en 2023, frente al 67,9 % de 2022, con alrededor de 720 mil millones de dólares invertidos, lo que representó un 10 % más que en el ejercicio anterior.

Strava, comparadas con ellas, sigue siendo una red menor, simplemente, por su gran particularidad al estar vinculada al ejercicio deportivo. Pero su influencia es máxima. De los 176 ciclistas que corrieron el Tour de Francia de 2023, 139 tenían un perfil profesional en Strava, lo que representaba el 80 %. Reciben una insignia de deportista profesional en la página del perfil, una suscripción gratuita a Strava y espacio para incluir patrocinadores. Para ello deben comprometerse a tener un perfil público y usar su nombre real y una fotografía propia, participar en la comunidad de Strava y publicar la mayoría de sus actividades. Convertirse, con ello, en modelos. Modelos que, en seis meses, completan unos 15.000 kilómetros, con trayectos diarios de más de 250. «Estos datos inspiradores ponen de relieve la determinación, el coraje y la valentía de los ciclistas profesionales mientras se preparan para participar en un evento tan emblemático y célebre», confesaba Michael Horvath, cofundador y CEO de Strava. Sobre la frustración asociada de aquellos que los observan y no pueden imitarlos no dijo nada.

Con sede central en San Francisco, Strava (que significa 'esfuerzo' en sueco) comenzó a funcionar el 18 de agosto de 2009 como una red social principalmente para ciclistas y corredores a través de la puesta en común de los resultados deportivos, captados por GPS. Nació en las cabezas de Michael Horvath y Mark Gainey y el 21 de mayo de 2017 la *app* registró la actividad mil millones gracias a la natación de un alemán. Entre sus accionistas se halla el fondo de capital riesgo Sequoia Capital, que antes participó en PayPal, Google o Zoom. La plataforma, que cuenta con más de 300 trabajadores, permite medir todos los parámetros de entrenamiento, caso del recorrido completado, velocidad media, datos concretos por kilómetros, las diferencias de altura o el consumo de energía. Si se aumenta la información aportada a través de tecnología más específica también mide potencia, frecuencia cardiaca o cadencia de pedaleo. Además, se completan registros anuales que sirven para analizar cómputos totales. Evidentemente, todos esos datos pueden ser compartidos con la comunidad en red, incorporando nuevos parámetros de conducta asociados al uso y consumo de redes sociales masivas. Se interactúa a través de «kudos» («me gusta» en otras plataformas) y de comentarios y se puede competir a través de los segmentos creados a lo largo del mundo y que permiten crear *rankings* con los más rápidos en dichas etapas. Son los llamados «KOM» ('King of Mountain') o «QOM» ('Reina de la Montaña'). Existe una versión de pago que amplía el estudio de los resultados. Se reforzó en mayo de 2021, aportó nuevas funciones y empezó a cobrar otras anteriormente gratuitas, caso de la vista general de las tablas de posiciones de segmentos o la comparación de los esfuerzos de segmento. A finales de 2020 la facturación de Strava aumentó un 70 %, hasta los 100 millones de dólares, siendo rentable por primera vez.

Strava sigue ampliando los deportes que pueden ser registrados. Actualmente, aparecen el *running*, ciclismo, natación, esquí, escalada, musculación, *crossfit*, patinaje, surf, fútbol, golf, vela, *skateboarding* y piragüismo. La gran acogida entre la comunidad ciclista (que representaba en 2016 el 54 % de las actividades totales registradas) provocó que la compañía se convirtiese en patrocinador principal del Tour de Francia y el Tour de France Femmes avec Zwift, el gran evento mundial del sector. Se recogerían en la plataforma todos los entresijos individuales de los participantes, por lo que los aficionados cuentan con la posibilidad de entrar en los segmentos y «competir» con sus ídolos. Además, la compañía anunció una inversión de un millón de euros para fomentar la equidad de género y la inclusión en el deporte a través de becas monetarias.

En marzo de 2024 se anunció la integración con la plataforma ŌURA para que los y las deportistas pudiesen añadir sus indicadores de salud relacionados con la recuperación y el sueño en su rutina activa, completando unos perfiles más integrados, más completos. Por su parte, en septiembre se anunció el programa «Metro para Investigadores Académicos» para ceder datos a estudiantes universitarios y académicos con el designio de desarrollar proyectos que mejoren la infraestructura ciclista y peatonal en entornos urbanos y rurales. La información recogida por la plataforma permite diseñar patrones de desplazamiento, identificar carencias en la infraestructura y evaluar la efectividad de las rutas y las instalaciones existentes. Un potencial enorme.

El Informe Anual[16] publicado por la compañía en los meses posteriores a la pandemia, en el que analizaba datos totales a nivel mundial (y también concretos por países), vislumbró que el boom deportivo experimentado por los confinamientos masivos continuó un año después, en 2021, con un incremento de la expansión de los deportistas que registraban sus actividades a través de la red. Si en 2020 se cargaron 21,5 millones de actividades a la semana, en 2021 se pasó a 37 millones, con un aumento del 38%, alcanzando los 1.800 millones al año. Los usuarios sumaron 3,8 mil millones de kilómetros, con una distancia media por actividad de 6,2 kilómetros y una duración de 38 minutos y 48 segundos, ligeramente superior de los hombres con respecto a las mujeres. La *app* sumó dos millones de seguidores al mes. En dicho periodo se repartieron 9.600 millones de kudos.

En 2023, una encuesta mundial realizada a 6.990 participantes desveló que correr volvió a ser un año más el deporte más practicado en España. Los hombres, con zapatillas Nike Pegasus, las mujeres con las Hoka Clifton. Sincronizando con Garmin, exactamente con el ciclocomputador Garmin EDGE 530 y el reloj Garmin Forerunner 235. Las bicicletas más usadas fueron Trek, Specialized y Giant. Datos al servicio de curiosos, pero sobre todo de marcas comerciales, que cuentan con ello con información privilegiada para diseñar campañas a medida. Más del 50% de los usuarios adujeron que la comparativa de familiares y amigos suponía la motivación principal para hacer deporte. Pique sano, en un principio.

16 Strava. «Strava's Year In Sport 2021 charts trajectory of ongoing sports boom»: https://blog.strava.com/press/yis2021/ Publicado el 7 de diciembre de 2021. Consultado digitalmente el 29 de septiembre de 2022.

Según la encuesta, los *millennials* (nacidos entre 1981 y 1993) eran los más propensos a inscribirse a eventos en los que competir, practicar deporte en grupo (alrededor de los cuarenta, volver al deporte como diversión) y fijarse objetivos concretos (el pragmatismo como forma de vida en la mediana edad, cuando ya algunos encaran la segunda etapa y empiezan los miedos). «Sabemos que los comportamientos de la generación Z reflejan sus valores y cómo influye el hecho de vivir en un mundo cada vez más digital, lo que para este grupo significa, en definitiva, activismo, comunidad e interacción (...) En el último año, hemos visto que la generación Z es la principal fuente de crecimiento de nuestra comunidad a través de los nuevos clubes en Strava. También han contribuido al crecimiento de deportes como el *running*, a pesar de ser los que tienen más obstáculos para ser constantes. Esto demuestra que la actividad física es un valor central para esta generación y por eso recurren a Strava como plataforma clave para mantener la motivación y conexión entre sí», afirmó Zipporah Allen, responsable de operaciones de Strava. Por el contrario, el estudio desvelaba que la Generación Z (sustitutos de los *millennials*) practican deporte por puro rendimiento y superación personal.

Se conocen incluso ritmos con los que corren los diferentes grupos de edad. Aquellos que tienen entre 58 y 76 años (denominados *baby boomers*) tienen de media un ritmo de carrera de 6:42 minutos por kilómetro y distancias que superan los 8 kilómetros. Contrastan con los 5:35 de la Generación Z, eso sí, con carreras más cortas (5,5 km de media). El segmento más popular de España está en Valencia, concretamente en el Jardín del Turia que se llama «Suspiro», justo al lado del Puente del Mar.

Las redes sociales deportivas y la salud mental

Importantes modificaciones en el comportamiento de la oxitocina, la dopamina, la serotonina, la adrenalina, el cortisol o la testosterona. Es la consecuencia del consumo de las redes sociales digitales, diseñadas para activar premios biológicos y que por lo tanto pueden ayudar también a acrecentar la impresión de felicidad y la sensación subjetiva de placer. Se potencia la capacidad de interacción social, el individualismo o la desinhibición. Sin embargo, también ha quedado constatado el efecto negativo que pueden reportar, dado que cae en picado la capacidad de concentración y a menudo la autoestima. Además, también provoca adicciones que pueden reportar consecuencias negativas, creando una dependencia emocional y psicológica. Según Challco Huaytalla: «Los estudios han demostrado que el flujo constante de retuits, me gusta y acciones de estos sitios han afectado al área de recompensa del cerebro para desencadenar el mismo tipo de reacción química que otras drogas»[17]. Por su parte, autores como Garcés y Ramos defienden que el uso excesivo de dichas plataformas provoca trastornos psicológicos como ansiedad, pérdida de la concentración, olvidos de las obligaciones, aislamiento físico o adicción, hasta desembocar en falta de control. Una investigación llevada a cabo por *Think with Google* en 2017 expuso que un 22 % de los usuarios cierra la pestaña de una página web si tarda en cargarse más de tres segundos, mientras un 35 % si la espera excede los cinco segundos.

Herrera, Pacheco, Palomar y Zavala llevan mucho más allá sus investigaciones y relacionan el uso de redes sociales con la depresión, la falta de habilidades sociales y la baja autoestima, mostrándose los usuarios indefensos y manteniendo una percepción deteriorada sobre sus relaciones interpersonales. De hecho, diferentes

17 Challco Huaytalla, Katherine (2016). «Riesgo de adicción a redes sociales, autoestima y autocontrol en estudiantes de secundaria» (E.P. de Psicología ed.). *Revista Científica de Ciencias de la Salud*, 9(1). https://revistas.upeu.edu.pe/index.php/rc_salud/article/view/236/236

filtraciones publicadas por el periódico *The Wall Street Journal* en septiembre de 2021 desvelaron que, a nivel interno, Facebook aceptaba que redes sociales como Instagram dañan la autoestima corporal de una de cada tres adolescentes. Se llegaba a aceptar que Instagram puede resultar «tóxica» para los adolescentes. El informe indicaba que «el 32 % de las chicas adolescentes dijeron que cuando se sentían mal con sus cuerpos, Instagram las hacía sentir peor»[18]. Ya en 2019 otro informe interno de la empresa afirmaba: «Empeoramos los problemas de imagen corporal en una de cada tres chicas adolescentes» y también que «los adolescentes culpan a Instagram de los aumentos en la tasa de ansiedad y depresión». El 13 % de los usuarios británicos y el 6 % de los estadounidenses vincularon el deseo de quitarse a la vida al uso de Instagram.

A continuación, exploramos más a fondo los beneficios y riesgos asociados. Como se ha observado en numerosos estudios, los beneficios de la práctica deportiva son numerosos para la salud física y mental de la población y también, de forma equilibrada y consciente, la interacción digital sobre el deporte puede reportar aspectos positivos. Las opiniones en las comunidades de amigos son a menudo benévolas y por lo tanto se puede fortalecer la autoestima por el refuerzo social, además de potenciarse rutinas saludables. Dichas comunidades se cimentan en el sentido de pertenencia donde se presupone el apoyo mutuo, espacios de inspiración y aprendizaje, de motivación tras observar el comportamiento posible de otros usuarios. La sensación de éxito se puede ver fortalecida por el reconocimiento público, con un efecto sobre la autoestima.

Estos potenciales beneficios (que se dan en miles de usuarios) se dan con un consumo responsable de dichas redes sociales. Y evidentemente, no siempre es posible. Por formación, por situación

18 *Eldiario.es.* «Instagram admite en privado que daña la autoestima corporal de una de cada tres adolescentes». Se consultó la información en *eldiario.es* https://www.eldiario.es/tecnologia/facebook-instagram-afecta-salud-mental-adolescentes-minimiza-publico_1_8302276.html Consultado el 1 de octubre de 2022.

personal o por cambios procedimentales de las plataformas tecnológicas que buscan beneficio económico. Este estudio entiende dichos beneficios, pero ha querido centrarse en los efectos negativos (tanto por la autoconcepción como por la presión social) al ser un campo menos estudiado que precisa ser debatido en la esfera pública. La competencia constante por la comparación social, la descontextualización de los datos que ofrecen una falsa realidad, el consumo adictivo de las redes sociales gamificadas que puede traducirse en un sobreentrenamiento o en una excesiva exigencia competitiva basada en la obsesión por las métricas estadísticas, la pérdida de objetivos basados en el disfrute personal y la salud o la dependencia emocional de la validación pública pueden desembocar en problemas de ansiedad, baja consideración personal, irritabilidad o agotamiento. Son consecuencias de la imposición de la identidad digital sobre la analógica, de lo virtual sobre lo físico. Un mundo cibernético que exige perfección, renovación constante y inacabable, en contraste con una vida real llena de dudas, tropiezos, imperfecciones, cansancio y lesiones ¿En qué lugar queda el descanso y la pausa en las redes sociales deportivas? ¿Quién valora allí la reflexión y la perspectiva?

Algunas preguntas siempre útiles antes (importante este «antes») de consumir cualquier red social, sea del tipo que sea, son «qué espero encontrar en ese espacio y qué espero que me aporte». Contrastarlo con lo que he experimentado y obtenido tras el consumo (ya sea de minutos o de horas) ayudará a percibir dichas redes sociales de forma más consciente. Mi caso particular es que buscaba información en X (antes Twitter) y solo obtenía ansiedad por la sensación del tiempo perdido en una realidad virtual fragmentada y cabreo por introducirse en mi realidad, a través del teléfono, mensajes de odio contra personas migrantes u otros colectivos vulnerables. Suprimí mi cuenta de X como también pasé a utilizar poco o nada la de Strava, donde se suponía que quería mostrar mis avances deportivos y conocer los de mis compañeros, pero experimentaba una presión por mi autoexigencia para estar en registros que, por exigencias familiares y laborales, me era imposible conseguir. Las métricas pasaron a ser motores de comportamiento que desembocaban en estrés por la inexistencia de límites y la supuesta perfección deportiva del resto.

Las redes sociales deportivas, a la postre, son una herramienta más de la dictadura neoliberal del rendimiento, de la exigencia constante de perfeccionamiento.

«Si quieres, puedes» se repite una y otra vez a través de videos y mensajes motivacionales que transmiten la idea de que todo aquel o aquella que se lo propone, sin tener en cuenta sus circunstancias personales, familiares o físicas (contextuales), puede conseguir lo que busque, también en el apartado deportivo. El mundo digital, y por encima de él (o dentro de él) las redes sociales, homogeniza. Uniformiza las supuestas condiciones previas que precisan de la motivación, solo de la motivación. «Si quieres, puedes», reiteran. Pero en realidad, la vida de cada uno o una es diferente y dichos vídeos motivacionales, como también los registros deportivos que se observan en aplicaciones como Strava, son fuente de frustración y autocrítica ya que los resultados no coinciden con las expectativas a pesar de la mucha motivación que pueda existir. A mediados de 2024, el periódico *El País* publicó un reportaje en el que entrevistaba a María José Camacho, licenciada en Educación Física y doctora en Educación y que investiga la relación entre tecnologías y promoción de la salud. Expresaba: «La presión por la belleza femenina se ha fortalecido bajo el paradigma de la salud, promoviendo una estética que exhorta a las mujeres a disciplinar su cuerpo y su mente para estar delgadas y tonificadas, pero "por su propio bien" y como una nueva forma de empoderamiento femenino. Esto deja poco margen para la diversidad corporal e interpela a todas las mujeres a buscar una mejora continua»[19].

El constante repiqueteo con imágenes de cuerpos «perfectos» y vidas aparentemente ideales provoca ansiedad y depresión a tra-

19 OLIVER, Diana: «'Influencers' de gimnasio: ¿una motivación sana o una presión más para tener un cuerpo perfecto?» *El País*. 31 de julio de 2024. https://elpais.com/tecnologia/2024-07-31/influencers-de-gimnasio-una-motivacion-sana-o-una-presion-mas-para-tener-un-cuerpo-perfecto.html

vés de las comparaciones (recuerden, siempre odiosas). La comparación, además, puede llevar a comportamientos inadecuados por el establecimiento de prácticas deportivas sin asesoramiento físico. A la postre, el matiz del negocio que se esconde tras los miles de vídeos motivacionales o tras aplicaciones tecnológicas diseñadas para la interacción de comunidades afines pocas veces se tiene en cuenta. Afirma Marta Peirano en su insustituible El enemigo conoce el sistema: «No tienes diez mil *followers*, tienes más o menos *followers* que tus amigos, tu profesor de piano, tu exnovia o la odiosa compañera de mesa. Si tienes menos *followers*, retuits o comentarios que la semana pasada es que pierdes relevancia. Eres peor que los otros. Si tienes menos *likes* que antes es que tus amigos te quieren menos que ayer. Los mismos números que te generaban pequeños pinchazos de dopamina acaban produciéndote una gran ansiedad. LinkedIn explotaba este factor con un icono donde se podía ver el tamaño de la red de cada usuario. La reacción natural de los usuarios era mirar el suyo y compararlo con el de los demás»[20].

El posicionamiento social a través de las redes está sometido a una manipulación constante porque depende de una validación ficticia. A veces como consecuencia de algoritmos que promocionan la excentricidad y otras como fruto de la comercialización de la aprobación, invirtiéndose millones de euros (dólares y todas las monedas del mundo) en la compra de «me gusta» que ayuden, por el efecto de la bola de nieve, a aumentar el impacto y, con ello, a simular la realidad. La posición social es una pastilla de falsa felicidad, pero también una posible fuente de ingresos, para los implicados, a veces, y para las tecnologías, siempre. El estatus social depende de los «me gusta» en unas plataformas que premian a los privilegiados. Según Byung-Chul Han, el *smartphone* irrealiza el mundo.

20 PEIRANO, Marta (2019): *El enemigo conoce el sistema: Manipulación de ideas, personas e influencias después de la economía de la atención.* Editorial Debate. ISBN: 978-84-17636-39-5. Pág. 31.

Entrenadores del primer nivel del mundo futbolístico como Quique Sánchez Flores, Gregorio Manzano, Jorge Romero o José Antonio Anquela han expresado sus opiniones contrapuestas sobre el uso de los teléfonos móviles (y las redes sociales) en los vestuarios, coincidiendo sobre el reto de convivir con unos usos aportados por nuevas generaciones para las que la identidad digital se edifica incluso en el trabajo. El entrenador del Real Madrid en 2024, Carlo Ancelotti, llegó a aceptar la adicción de muchos de sus jugadores al móvil en el vestuario, por lo que planteó su prohibición, lo que provocó que, tras un entrenamiento, el capitán del equipo se le plantase en su oficina para trasladarle su impresión (y la de sus compañeros) en contra de la decisión, que tildaron de locura.

Las redes digitales ponen en peligro la salud mental de los deportistas y también, paralelamente, su buen rendimiento. La FIFA hizo pública una investigación[21] coincidiendo con el Día Internacional para Contrarrestar el Discurso de Odio de las Naciones Unidas que se conmemora cada 18 de junio que denunciaba el aumento exponencial de las agresiones verbales sufridas por los y las futbolistas durante los torneos de selecciones por razones de racismo, xenofobia u homofobia, principalmente. El estudio rastreó más de 400.000 publicaciones realizadas durante la UEFA EURO 2020 y la Copa Africana de Naciones 2021 y pudo constatar que más del 50 % de los jugadores fueron objeto de algún tipo de insulto discriminatorio, gran parte de ellos procedentes de sus propias naciones. La mayoría correspondieron a comentarios homófobos (40 %) y racistas (38 %).

La presión y las distracciones se amplían con las redes sociales. El mundo del deporte, gracias a pioneras de cierta valentía, vive en la actualidad el debate de la salud mental, sobre todo como respuesta a la exigencia de las redes sociales, con presiones ciudadanas de supuestos aficionados que generan estrés, ansiedad y depresión entre los deportistas. Algunos y algunas lo denunciaron

21 https://digitalhub.fifa.com/m/58e4c303ca2197f5/original/FIFA-Threat-Matrix-Report.pdf

antes, pero fueron sobre todo la tenista Naomi Osaka y la gimnasta Simone Biles las que popularizaron la situación alrededor de 2021. La Universidad de Toronto[22] demostró ese mismo año que la mayoría de los atletas de alto rendimiento sienten problemas en su salud mental relacionados con la ansiedad, la depresión, el estrés y los trastornos alimenticios. Según la pionera en el estudio, la estudiante graduada de la facultad de educación física y kinesiología Zoe Poucher (que publicó en la revista *Psychology of Sport and Exercise*) los atletas de élite son más propensos a experimentar trastornos de salud mental por el estrés y la presión. Se concluyó que el 31,7 % de los deportistas presentan síntomas de depresión, el 18,8 % de ansiedad y el 8,6 % desarrolla trastornos alimenticios. Las lesiones físicas siempre han sido tratadas con protocolos y servicios detallados, pero se silenciaron los problemas con el estado mental de los atletas, en paralelo, también es importante subrayarlo, a lo que sucedía a nivel general en la población.

El concepto de psicología deportiva empezó a tomar forma en el mundo del deporte, pero solo como herramienta para mejorar el rendimiento. O, al menos, para paliar los efectos sobre el rendimiento que dicha problemática podía causar. No se priorizaba la posibilidad de sanar sino más bien de entrenar la mente, como cualquier otra parte específica del cuerpo. Por tanto, hubo un enfoque resultadista. Y aunque se puede aceptar que dicho planteamiento puede reportar aspectos positivos, cierto es que si se reduce a la máxima expresión el camino es incorrecto, dadas las premisas de presión existentes. Ante los problemas de salud mental es clave la transparencia y la comunicación, pero no parecen ser características del tratamiento que se ha ofrecido durante años ¿Qué ámbitos, deportes y en qué contextos han tratado de forma abierta las posibles carencias de autoestima, los pensamientos suicidas o la depresión de los deportistas? ¿Son los psicólogos deportivos o,

22 Zoe Poucher, Katherine Tamminen, Catherine Sabiston, Gretchen Kerr: «Elite athletes more likely to experience mental health disorders: U of T study»: https://insulin100.utoronto.ca/2021/07/30/elite-athletes-more-likely-to-experience-mental-health-disorders-u-of-t-study/

mejor dicho, han sido los psicólogos deportivos las personas de confianza usadas por los deportistas en momentos delicados? La mayor visibilidad social de la problemática está cambiando la situación y el planteamiento, pero el debate sigue abierto.

En septiembre de 2024, Nacho Encabo escribió para *Relevo*: «El 30 de mayo de 2024, cuatro días después de caer en la primera ronda de Roland Garros, el tenista Nicolás Moreno de Alborán subió a su cuenta de Instagram una galería de fotos que resumía su primera participación en el Grand Slam francés. Estaba orgulloso. A pesar de la derrota ante Brandon Nakashima por 6-1, 6-7, 6-3 y 6-2, Moreno de Alborán había cumplido uno de sus sueños. Junto a las fotografías, escribió un mensaje escueto: París y un corazón. "Para salir a hacer la mierda que has hecho te podrías haber retirado", le escribió un aficionado —por llamarlo de alguna manera— en los comentarios de la publicación. "¿A qué juegas? Paquete", decía otro. "Un jugador ridículo", era otro de los mensajes que recibió como respuesta, además de emojis de payasos y del símbolo de la muerte. Leídos así, puede que los mensajes no suenen excesivamente graves. Cosas peores se oyen todos los fines de semana en cada campo de fútbol. Ahí está gran parte del problema con el acoso en las redes sociales a los deportistas: que se ha normalizado, que nos hemos inmunizado»[23]. Las apuestas deportivas son clave en la crispación de algunos de los aficionados que deciden cargar contra los deportistas. La frustración por la pérdida de dinero en apuestas. En dicho artículo periodístico se recogían declaraciones del mismo Moreno de Alborán, que explicaba: «En los torneos Challenger, ya da igual qué partido juegues. Recuerdo que un día perdí contra Machac, un jugador que es mejor que yo, y tenía 40 mensajes de gente que te desea lo peor, que te desea la muerte, que te desea cáncer a ti y a tu familia. ¿Cómo puede alguien decir eso? Es inaceptable, pero es que hay mucho dinero en juego». La colombiana Camila Osorio, por su parte, exponía: «Al principio

23 https://www.relevo.com/tenis/us-open/acoso-tenistas-redes-sociales-dificil-20240905155141-nt.html

me afectaba mucho. Yo pensaba "¡Pero si no le he hecho nada a nadie! ¡Qué estoy haciendo! Yo solo estoy jugando al tenis". Son amenazas de muerte, le desean lo peor a tus papás, te dicen que saben dónde vives. ¡Qué miedo! Pero llega un momento en el que ya intentas que no te afecte. Lo veo mucho menos, presto mucha menos atención. Intento gastar poca energía ahí, porque si entras, te deprimes».

El gran problema de las redes sociales es que no han recibido el escrutinio del público más genérico y las consecuencias de su uso desmedido y descontrolado continúan siendo desconocidas para la mayoría, por lo que se precisa de alfabetización digital y mediática para su comprensión, dado que sus efectos sobre la población (y quizá más sobre los jóvenes) pueden ser muy graves en el aspecto emocional. Facebook introdujo en 2009 el botón de «Me gusta». Hoy el más utilizado es el de «No me gusta» ¿Sabemos de las consecuencias que eso acarrea en la salud mental de la población?

La particularidad de Strava

Strava es, en parte, una aplicación diferente porque incita a la acción física. Es decir, no promociona, como sí otras redes, el consumo pasivo a menudo relacionado con el ver y consumir de forma aislada. Strava promociona el deporte y, con ello, vincula la exposición pública al esfuerzo físico y la superación, tanto la propia como la colectiva. Es una comunidad digital de deportistas, lo que le reporta, a priori, características positivas por su promoción de la vida saludable. Un grupo selecto por una particularidad específica, la práctica del deporte.

Un deporte que, por supuesto, cuenta con enormes beneficios para las personas que lo practican, ya que mejora la salud siempre y cuando se realice desde parámetros de equilibrio y sensatez. Son numerosos los beneficios que se han estudiado desde la medicina, caso de la mejora de la resistencia física, el incremento de la densidad ósea, el control del peso corporal, el aumento de la fuerza y el tono muscular, la mejora de la movilidad o la regulación de la presión arterial. A pesar de que la Organización Mundial de la Salud reconoce que el deporte, entre los adultos, «ayuda a prevenir y controlar enfermedades no transmisibles como las cardiovasculopatías, el cáncer y la diabetes; reduce los síntomas de la depresión y la ansiedad; y favorece la salud cerebral y el bienestar general; y entre los niños y adolescentes promueve la salud de los huesos, estimula el crecimiento y el desarrollo saludables de los músculos y mejora el desarrollo motor y cognitivo»[24], reconoce que el 31 % de los adultos y el 80 % de los adolescentes no cumplen con los niveles recomendados de actividad física.

También por lo que hace a la salud mental es beneficiosa la práctica deportiva, ya que aumenta la autoestima, reduce la agresividad y la angustia, mejora las relaciones sociales, rebaja la tensión y el estrés, además de la posibilidad de sufrir depresión o ayuda a mejorar la relajación.

24 https://www.who.int/es/news-room/fact-sheets/detail/physical-activity

El deporte es provechoso para la salud. De forma genérica, la dinamización física revierte en una mejor y más larga vida. Sin embargo, cuando se introduce la variable de la exposición pública (y la presión de verse sometidos o sometidas a la opinión ajena en función de los resultados obtenidos) muchos de esos beneficios se evaporan, pudiéndose revertir. Sobre todo por lo que hace a la salud mental, pero también, como se analiza en esta investigación, relacionado con el apartado físico, ya que existen múltiples atletas que asumen cargas de esfuerzo excesivo para mejorar la opinión que reciben de los demás, exponiéndose a peligros hacia su salud. Vinculado a la salud mental, sin duda alguna, ya que el nerviosismo, la autocrítica o la presión que se vive sometido a las miradas y opiniones del resto cambia sustancialmente si dicho escrutinio no existe.

Este estudio se centra en la creación de una identidad deportiva digital en la que es enormemente relevante la opinión del otro, que puede actuar desde el distanciamiento afectivo. La retroalimentación es clave en la configuración identitaria en el ámbito digital, donde se muestra más aquello que se cree que demanda el interlocutor que aquello que se es o se quiere mostrar. La nueva interacción social es audiovisual, activa, constante, inmediata y multitarea y usa nuevos instrumentos conceptuales y metodológicos, por lo que se logran nuevos significados y valores, nuevas prácticas y relaciones sociales. Tampoco ha resultado suficientemente investigado y este estudio debería ser continuado con mayores muestras poblacionales que ayudasen a entender los efectos que dichas interacciones públicas crean en los y las deportistas.

Aplicaciones digitales como Strava reportan un nuevo paradigma comunicacional, en un ambiente en el que ya se había producido y generalizado una difusión absoluta entre lo público y lo privado. O más bien, una desaparición de lo privado, con una nueva autoconsideración de que cualquier actividad individual interesa a la colectividad. Por alejada que dicha apreciación esté de la realidad.

El problema principal de Strava es que potencia sin igual el resultadismo, la práctica deportiva bajo los parámetros de resultados útiles de forma palpable. Mal entendida, la filosofía sobre la que se sustenta la lectura de la aplicación deportiva por la mayor parte de la ciudadanía es la ostentación de resultados para mejorar el posicionamiento social. Y para ello todo vale. Se pierden los matices del proceso porque solo importa el resultado final, la cifra. Lo explica de forma inmejorable el profesor en la Universidad de Córdoba, José Carlos Ruiz: «El placer que nos orientaba no precisaba de rendimiento, sino de deleite, ya fuese un placer sensorial, sexual o intelectual. El deseo solía subordinarse a los placeres y se activaba en su búsqueda. En este proceso, la repetición se percibía como un aliado. El problema llega cuando el sistema se percata de que el placer es subjetivo e incontrolable, y que la repetición de este apenas es productiva. De repente, se invierte la jerarquía y se potencia el deseo por encima del placer. Las exigencias a las que nos adherimos son cada vez más altas porque las enfocamos desde el rendimiento. Nos presionamos para extraer lo mejor de nosotros en el trabajo, en la maternidad o la paternidad, en nuestro tiempo libre, al que tratamos de sacar el máximo provecho —incluso profesionalizando el ocio—. Si reducimos la vida al paradigma del perfeccionamiento terminamos eliminando las barreras que separan los espacios del placer de aquellos de exigencia, y cuando esto ocurre, el desánimo encuentra un terreno abonado donde crecer»[25].

Facebook sigue perdiendo relevancia y usuarios a gran velocidad en España. En 2024, un 19 % de sus usuarios dejaron de utilizarla, convirtiéndose así en la red social que mayor tasa de abandono registró durante ese año. El descontento generalizado sobre las redes sociales que vive una generación entera (aquella que accedió a dichas plataformas bajo unas promesas que se han ido prostituyendo a favor de la comercialización de datos y productos y la proliferación de mensajes de odio) se acompa-

---

25 CANO, José A.: Entrevista a José Carlos Ruiz. «Solo queremos a los otros para que validen nuestra identidad». 1 de marzo de 2021. https://ethic. es/2021/03/jose-carlos-ruiz-filosofia/

ña con un desembarco en aplicaciones que permiten una mayor segmentarización del público y que, por lo tanto, aproximan a personas que cuentan con intereses comunes. Son las llamadas aplicaciones pasatiempo. Es el caso de Strava, que sigue creciendo año a año.

La satisfacción personal, tan sujeta a la lectura pausada de la experimentación, en este caso deportiva, se ve diluida rápidamente, por la velocidad con la que actúa el prejuicio, por la interacción con otros u otras a través de las redes sociales, que siempre aporta herramientas para la crítica o la autocrítica. La comprensión del pasado y la valoración personal quedan sujetos a la relación social. Y, desgraciadamente, en dicha apreciación es general la insatisfacción, la avaricia y el retraimiento. Contrasta, sin embargo, con la ambición, el descontrol y el individualismo. Se podrán observar estas características a través de las respuestas de la encuesta realizada a alrededor de 300 deportistas.

Strava y la Universidad de Stanford realizaron un estudio[26] en los años siguientes a la pandemia para determinar el impacto de la covid-19 en los atletas profesionales de Estados Unidos. Se entrevistó exactamente a 131 atletas profesionales, con efectos diversos, entre ellos sobre la salud mental. Reveló cambios sustanciales en el comportamiento. Uno de cada cinco atletas (22,5 %) aceptó desarrollar dificultades para hacer ejercicio por culpa de la situación anímica provocada por la nueva situación mundial, cuando antes de las restricciones de la covid-19, solo el 3,9 % de los atletas decían sentirse deprimidos más de la mitad de los días de la semana. Por lo tanto, se sextuplicó la proporción. El sentimiento de nervios o ansia en más de la mitad de los días de la semana pasó de afectar al 4,7 % de los atletas al 27,9 %.

Las redes sociales solo buscan monetizar nuestra atención a través de los datos que después comercializan. No hay más. Si se

26 CORNET, Marc: «El Covid-19 cambió los hábitos y minó los ánimos de los deportistas de élite»: https://www.cmdsport.com/multideporte/actualidad -multideporte/covid-19-cambia-los-habitos-mina-los-animos-los-deportistas- elite/

acude a ellas sin criterio y se permite (consciente o inconsciente-mente) que sus efectos dañinos vinculados a la obsesión adicti-va pasen del mundo digital al real las consecuencias pueden ser desastrosas. Perjudiciales seguro, aunque en la mayoría de las ocasiones no se identifiquen ¿Es posible hoy separar los planos virtuales y reales? Difícilmente. ¿Estamos los más jóvenes, los más mayores o todos nosotros preparados para hacerlo? Duda razonable. A menudo la reacción es tardía y el daño provocado incalculable, ya con la vida real colonizada por la digital a través de un lenguaje ficticio que nada o poco solventa en nuestro día a día.

Como acepta el vicepresidente de *marketing* de Strava, Gareth Nettleton, la gran diferencia de Strava que permitió su éxito empresarial contra la competencia fue la incorporación de premios emocionales a su plataforma, es decir, la publicación de los resultados obtenidos deportivamente y la incorporación de interacción de aprobación (pero también de desaprobación, aunque fuese a través del silencio digital) de una comunidad. Dicha visión la aparejaba a otras redes sociales tradicionales en el mundo digital, caso de Instagram, Facebook o TikTok. En Instagram se dan más de 4.000 millones de *likes* al día. Nettle-ton, en la entrevista citada anteriormente, afirmaba que ellos, como compañía, entendieron que es más importante compar-tir que competir. Cierto es que se comparte, en cierta medida (unos más que otros) para competir y se compite (unos más que otros) para compartir. Según Nettleton: «A los brasileños les encanta compartir muchas cosas en redes sociales, mientras que los alemanes son mucho más celosos con su privacidad. Con el ciclismo tuvimos suerte: fuimos una de las primeras he-rramientas centradas en ese deporte. En el caso del *running*, el panorama era muy distinto: existían aplicaciones buenas y exitosas, pero que no tenían tan desarrollado su carácter social. Desde su origen, Strava fue concebido como una red social (...) El otro reto es ser, cada vez más, una especie de hermano de nuestros usuarios. Queremos ser un hábito, una costumbre, el hermano con el que sales a hacer deporte y que te estimula y convierte el deporte en, casi, una adicción»[27].

Marta Peirano arguye sobre las redes sociales: «Su objetivo no es tenerte actualizado, ni conectado con tus seres queridos, ni gestionar tu equipo de trabajo, ni descubrir a tu alma gemela, ni enseñarte a hacer yoga ni "organizar la información del mundo y hacerla accesible y útil". No es hacer que tu vida sea más eficiente ni que el mundo sea un lugar mejor. Lo que quiere la tecnología que hay dentro de tu móvil es *engagement*. El *engagement* es la cumbre de la felicidad de la industria de la atención»[28]. Remedios Zafra redunda en la idea: «Aunque el vestido que traía la tecnología digital parecía llevar escrito "más tiempo propio, más democracia, más conocimiento…", pasamos por alto que su estructura ponía al capital a los mandos, en este caso a un puñado de empresas que acumulan grandísimo poder, buscando no "más valores" sino "más beneficios". La clave ha sido crear un espacio de socialización aparentemente gratuito donde el yo se hace protagonista y se exhibe como producto. Por un lado, se crea la necesidad de estar y de volver; por otro, nosotros y nuestros datos son el "a cambio de"»[29].

Según expuso con maestría Noelia Ramírez para *El País* sobre una *app* de caminar: "La cuantificación y ludificación de nuestra vida en el teléfono ha provocado que parte de nuestro bienestar emocional se sostenga bajo unas cifras de carácter sacramental. Si los *likes* nos arropan, la meta diaria de pasos ofrece una falsa ilusión de importancia, un consuelo en la trampa de la optimización y mejora constante con la que nos disciplina el sistema. Esa teoría

27 *Ciclosfera*. Entrevista a Gareth Nettleton, de Strava: «Marcas como Nike convirtieron el deporte en algo aspiracional»: https://ciclosfera.com/a/gareth-nettleton-strava-deporte Publicada el 30 de octubre de 2016. Consultada el 13 de octubre de 2022.

28 PEIRANO, Marta (2019): «El enemigo conoce el sistema: Manipulación de ideas, personas e influencias después de la economía de la atención». *Op. cit.*, pág. 17.

29 Entrevista a Remedios Zafra: «Es imposible una utopía humana en un mundo donde cada cual sobrevive frente a su pantalla/espejo» a cargo de Federico Buyolo en Ethic. 1 de julio de 2024. https://ethic.es/entrevistas/entrevista-remedios-zafra-utopia/

me la sé. Por eso he recordado mucho estos días cuando David Sedaris escribió sobre su adicción al Fitbit, el trasto que contaba sus pasos en su muñeca. Al pasar los 65.000 diarios temió que, por esa voluntad de superarse, ya no dejaría de caminar hasta que los pies se le separan por completo de los tobillos. Ahora entiendo aquel «quizá incluso sin pies seguiría caminando, clavando mis tibias desnudas en el suelo una vez tras otra. ¿Por qué hay gente que puede usar algo como el Fitbit como si nada, y a otros nos domina por completo, se vuelve nuestro amo y puede llegar a destrozarnos?». ¿Y tú me lo preguntas?, pienso, mientras camino rápido por mi pasillo y lanzo otra cáscara en la *app* que se comió mi rutina»[30]. El juego emancipa a través de la libertad de creación y expresión, pero la ludificación utilizada para la producción del ser destruye cualquier atisbo emancipatorio. «La ludificación del trabajo explota al homo ludens. Mientras uno juega, se somete al entramado de dominación. Con la lógica de la gratificación del me gusta, de los amigos o los seguidores, la comunicación social se somete actualmente al modo juego. La ludificación de la comunicación corre paralela a su comercialización. Destruye la comunicación humana»[31]. La filosofía del capital (de la productividad por encima de cualquier otro valor u aportación) se ha incrustado en el ocio y es ya cuasi imposible percibir una actividad sin que deba tener una finalidad y un fruto. Un provecho tangible. Olvidar el valor y que pueda cuantificarse su precio. Es, como decíamos, una especie de nueva relación de explotación.

«La introducción de la mensajería marca un hito emocionante para Strava», manifestó en diciembre de 2023 Zipporah Allen, Chief Business Officer de Strava. «Esta característica tan esperada

30 RAMÍREZ, Noelia: «Socorro, la 'app' del verano se ha comido mi vida». *El País*. 9 de julio de 2024. https://elpais-com.cdn.ampproject.org/c/s/elpais. com/opinion/2024-07-09/socorro-la-app-del-verano-se-ha-comido-mi-vida.html ?outputType=amp&usqp=mq331AQIUAKwASCAAgM%3D&amp_kit=1#
31 Han, Byung-Chul: «Psicopolítica. Neoliberalismo y nuevas técnicas de poder». Editorial: Herder Editorial. ISBN: 9788425447617. 2021. Versión digital, página 38.

añade profundidad a lo que hace especial a Strava: una comunidad global arraigada en conexiones auténticas. También subraya nuestra inquebrantable dedicación a priorizar continuamente la experiencia del atleta y lo que estamos construyendo para ellos», añadió. La introducción de mensajes privados entre los usuarios y usuarias profundizó en la plataforma como red social, como espacio de intercambio comunitario. La privacidad permite controlar quién puede enviar mensajes o añadirte a grupos. Por defecto, sin embargo, la *app* permite grandes posibilidades de difusión. En caso de no restringir el uso predeterminado, el perfil puede llegar a ser público, interactuando las publicaciones con público que ni es seguidor ni seguido por el usuario.

Strava se ha convertido en un contenedor de exhibición. En un escaparate, cada uno o una con una intención. El objetivo inicial (que se desconoce) ha quedado sobrepasado por una práctica en la que Strava se ha convertido en una red social más. Una de esas que premian la excentricidad. En abril del 2024, una deportista consideró que era necesario publicar un post de su parto. Esfuerzo físico hubo, nadie lo duda. Precedentes no. «Si no está en Strava, no ha sucedido», escribió cuando compartió la publicación de Strava en su cuenta de X. Si no la mostraba al mundo es como si no hubiese parido. Si no fotografías el viaje es como si no hubieses viajado. Cero confianza en el crecimiento interno o en la experimentación privada. Más de cinco horas y media de parto, 81 pulsaciones por minuto, 914 calorías consumidas. Strava la premió con medalla por su actividad deportiva más larga.

La comunicadora Ana García ya adelantó en el portal digital *Planeta Triatlón*[32] algunas de las claves que ahora se trabajan, sobre todo vinculadas a la frustración que puede generar formar parte de una plataforma en la que es prácticamente imposible mejorar registros y donde la descontextualización de los datos ofrece una realidad de difícil encaje. Las redes sociales abren el

---

32 «9 cosas que deberías haber sabido antes de meterte en Strava»: https://planetatriatlon.com/9-cosas-deberias-haber-sabido-meterte-strava/

telón de un teatro inacabable con la actuación de millones de desconocidos de contextos igualmente ignotos. Una exposición que provoca una constante comparación sin matices y, a menudo, perjudicial. García comenta que el 95 % de los récords (KOM en la *app*) son imposibles de superar, en un proceso que se ha agravado en los últimos años por la mayor profesionalización del deporte *amateur*. «Ahora conseguir un KOM se ha convertido en un ejercicio estratégico y cuidadosamente planeado, que probablemente incluso termine en llanto, lágrimas y fracaso», arguye García, en un tono humorístico que, sin embargo, refleja la realidad. Además, desvela el cambio de planteamientos, con comportamientos que quedan determinados por la publicación y el escrutinio de los entrenamientos. Se acabaron las salidas suaves con los miembros del club. El artículo cita también (con escaso desarrollo argumentativo) elementos como el empeoramiento de las relaciones entre los miembros de los clubes por la competitividad mal entendida, la frustración constante por el incumplimiento de los objetivos, la comparativa constante y a menudo desfavorable (y la ansiedad inducida ligada) o los problemas de adicción por la gamificación de la experiencia.

El ciclista profesional Mathieu Van der Poel manifestó su discrepancia ante la tendencia generalizada de subir los registros obtenidos en los entrenamientos a las aplicaciones como Strava con el objetivo de mostrar los avances. Nadie publica los retrocesos. El neerlandés llegó a afirmar, incluso, que subió contenido por «presiones». Así, afirmó en los medios de comunicación: «Decidí compartir estos datos durante un año porque recibí comentarios y presiones que me decían que no se sabía nada sobre mi entrenamiento (...) Ya no siento ninguna necesidad de compartir esos datos. Hay otros ciclistas profesionales que los comparten, pero la mayoría de estos ciclistas no agregan su frecuencia cardíaca y sus datos de potencia, por lo que no sirve de nada ya que no puedes ver nada de la realidad de esos datos», denunció el corredor del equipo Alpecin. Al final, criticaba la falta de contexto, uno de los grandes problemas de las redes sociales digitales. El mundo se muestra sesgado, excesivamente idílico, exigentemente perfecto. Las consecuencias son devastadoras para la salud mental de parte de la población. Los individuos precisan de la sociedad para obtener un desarrollo completo y dentro de la comunidad actuamos a menudo como gregarios del ciclismo, remando con fuerza para beneficio ajeno, para gracia colectiva. Sin embargo, exigimos contraprestación y en la sociedad digital se muestra descontextualizada, sin matices. La realidad, cuando aparece, a menudo está en el margen, fuera de foco, sepultada al ojo estresado que busca *highlights* constantes. La socialización virtual, por tanto, es clave, pero también insoportablemente exigente. Sin habilidades de autoaceptación y crítica social puede ser, como mínimo, peligrosa. La identidad digital exige energía constante, un esfuerzo continuado, una renovación incansable. Al contrario, estamos cansados, la sociedad vive agotada.

Según manifestó José De Cauwer, analista del medio especializado en deporte *Sporza*, a propósito de las palabras de Van der Poel: «Creo que todavía no hemos visto hasta dónde puede llegar Van der Poel y es positivo que no comparta esos datos. Ahora parece que los ciclistas profesionales tienen que compartir sus datos de Strava a todo el mundo para demostrar que estás en forma y en condiciones para ganar una carrera. Parece que el mundo te exige que le tengas que demostrar en todo momento lo bueno que eres. Si yo fuese ciclista profesional no pondría ninguno de mis datos en Strava ¿Por qué los equipos de fútbol profesional entrenan a puerta cerrada?».

Strava se ha convertido en esencial para entender el ciclismo, tanto el profesional como el *amateur*. Por diferentes razones en cada uno de los mundos, pero también por conexiones. No fue el primero, pero en diciembre de 2024 se conoció el caso del ciclista canadiense Jack Burke, que logró pasar al mundo profesional tras batir varios récords en montañas míticas del circuito internacional, encuadradas a menudo en el Giro de Italia. Burke, que hasta ese momento solo había competido en categorías inferiores, obtuvo ofertas de cinco clubes profesionales.

Fiona Parker publicó para *The Telegraph*[33] en septiembre de 2024 que usuarios de Strava pagan a «mulas» para que corran por ellos a cambio de «reconocimientos» en la aplicación. Los llamados corredores perezosos que buscan salvar las apariencias (y por tanto la imagen que ofrecen al resto a través de la aplicación) están subcontratando el ejercicio a otros para mantener sus buenas calificaciones. Un portavoz de Strava arguyó que quienes participan en este tipo de tendencia violan los términos del servicio y serían suspendidos de la aplicación, aunque se hace realmente complicado detectarlo.

Christianna Silva es reportera cultural sénior en *Mashable*. Escribe sobre tecnología y cultura digital, con especial atención a Facebook e Instagram. También profundizó con el artículo «With Strava, no one runs alone anymore. That's the problem»[34] (Con Strava, ya nadie corre solo. Ese es el problema). La periodista considera que Strava «también puede hacer que las personas empiecen a verse a sí mismas como un proyecto manipulable en el que hay que trabajar constantemente. Cuando todo lo que hacemos se interioriza como una actuación, es difícil ver el sentido de exponer aún más nuestras vulnerabilidades solo para que el público las examine. La gente me vio pasar por todo lo necesario para entrenar la maratón y luego me vio correrla. Eso fue genial, pero todavía no estoy segura de si valió la pena».

Por su parte Elizabeth Barber recogió en su ensayo de 2018 en *Wired* titulado «What Happens When You Track Your Boyfriend on Strava»[35] (¿Qué sucede cuando sigues a tu novio en Strava?): «Estoy bastante segura de que todos usamos Strava para mejorar pero en Strava la superación personal se encuentra con las redes sociales. Hay muchas aplicaciones que hacen que la vida sea performativa y

33 «Strava users paying 'mules' to run for them for app 'kudos'»: https://www.telegraph.co.uk/news/2024/09/08/strava-users-paying-mules-to-run-for-them-for-app-kudos/

34 «With Strava, no one runs alone anymore. That's the problem»: https://mashable.com/article/strava-anxiety-joy-self-surveillance

35 «What Happens When You Track Your Boyfriend on Strava»: https://www.wired.com/story/strava-love-surveillance/

competitiva, pero Strava supera las expectativas al recrear una necesidad resentida (el ejercicio) como una experiencia envidiable. El entrenamiento de un corredor en Strava, con un título y fotos, es una declaración de quién es y, tal vez, de quién debería ser usted también». Barber, que escribió el artículo desde la experiencia personal, descubrió que se gustaba a sí misma mucho más cuando corría sin que nadie la vigilara y por ello describe Strava como un «banco de datos sin alegría para los inseguros». «Si algo siento al correr es inseguridad. No soy una atleta natural. Soy más lenta que todas las personas que sigo en la aplicación y, a menudo, me siento menos motivada que ellos. Nunca ha sido el sueño de mi vida correr una maratón y, aunque aprecio la euforia ocasional del corredor, preferiría mucho más tener una euforia regular», concluyó.

Una adicción al reconocimiento. La sociedad actual busca satisfacer de forma inmediata los impulsos primarios que se vinculan al mundo virtual, lo que hace más vulnerable los sistemas vinculados a las recompensas. Según varias investigaciones científicas especializadas, «la recompensa es un componente central para impulsar el aprendizaje basado en incentivos, las respuestas adecuadas a los estímulos y el desarrollo de conductas dirigidas a objetivos. La activación del sistema de recompensa (...) provoca una liberación de dopamina, especialmente en el núcleo accumbens, que genera una intensa sensación de placer y motiva al sujeto a la repetición de dichas actividades»[36]. Al núcleo accumbens se imputa funciones relevantes en el placer como la risa y la recompensa, pero también otros de diferente índole como el miedo, la agresión, la adicción y el efecto placebo. Según la psicóloga del deporte, máster en psicología social y deportista de élite durante veintidós años, Davinia Albinyana: «La explicación científica en el ámbito de la psicología del deporte que respaldaría esas causas sería la conocida teoría de las metas de logro (Nicholls, 1989) donde

36 Hikosaka, O., Bromberg-Martin, E., Hong, S., y Matsumoto, M. (2008). «New insights on the subcortical representation of reward». *Current opinion in neurobiology,* 18(2), 203-208; y Haber, S. N., y Knutson, B. (2010). «The reward circuit: linking primate anatomy and human imaging». Neuropsychopharmacology, 35(1), 4-26.

habla de las diferentes maneras de valorar nuestra capacidad en el deporte, siendo dos, la autorreferenciada (comparándonos con nosotros mismos) y con criterio normativo (comparando con el resto). De ahí surgen los dos tipos de orientación motivacional en el deporte. Los deportistas orientados al resultado/ego miden sus capacidades a partir de la comparación con el resto, por ese motivo estarán más presionados y sometidos a mostrar sus entrenamientos para compararse, al contrario que los deportistas orientados al aprendizaje/tarea, los cuales están centrados en aprender y mejorar sus capacidades, siguen un criterio de autorreferencia, no están tan presionados en mostrar sus resultados/marcas/entrenamientos. Esta variable afectaría a largo plazo la satisfacción en general de la práctica deportiva, siendo más satisfactoria para los deportistas orientados a la A/T que los R/E, ya que sus mejoras y logros dependen más de factores externos (los demás). Los deportistas de A/T sienten placer simplemente por hacer deporte por autosuperarse, ya que su energía está centrada en todo aquello que dependa de ellos mismos»[37]. Por tanto, las *apps* deportivas pueden favorecer, si no se consumen con conocimiento de causa y consecuencia, efectos como la adicción incontrolada y la obsesión al perseguir premios y reconocimientos alejados de la mejora del estado físico dentro de una ludificación que usa estrategias de interacción interesadas en los beneficios empresariales. También al compartir unos registros de forma pública, que añade dosis de competitividad y con ello también la presión del escrutinio ajeno, lo que se puede convertir en una merma de la autoestima en personas vulnerables en el campo emocional.

Según Martin Turner y Jamie B. Barker[38], se cree que el éxito como atleta refleja el valor como ser humano y ejercicios como

37 ALBINYANA Davinia (2022). Entrevista telefónica. Albinyana es psicóloga del deporte, máster en Psicología Social y deportista de élite durante veintidós años. Realizada el 27 de agosto de 2022.

38 Turner, Martin; y Barker, Jamie B. (2011). «Examining the Efficacy of Rational-Emotive Behavior Therapy (REBT) on Irrational Beliefs and Anxiety in Elite Youth Cricketers». *Journal of Applied Sport Psychology.*Volume 25, 2013 - Issue 1: *Single-Case Research Methods in Sport Psychology.* Pages 131-147. https://doi.org/10.1080/10413200.2011.574311

correr ahora son parte de quién eres. Creencias ilógicas asociadas con una mayor dependencia del ejercicio, depresión, ira, ansiedad y agotamiento. Dichos autores consideran que esta forma de interpretar el ejercicio físico obstaculiza el bienestar en lugar de ayudarlo, refleja una motivación a corto plazo y basada en la culpa y los atletas no son conscientes de la realidad porque ofrecen excesiva importancia al hecho de competir deportivamente.

Lo que algunos conceptualizan como *stravafilia* está asociado en ocasiones a la presión social, la merma de autoestima, la gestión inadecuada del tiempo, la falta de concentración, la avaricia y la envidia, secundándose efectos positivos como la socialización, el hecho de compartir experiencias y consejos, la motivación por el apoyo ajeno, la configuración de una comunidad vinculada por la vida saludable o la competitividad sana que ayuda a mejorar.

Encuesta

Confección del estudio práctico

Los conocimientos teóricos expuestos se quisieron complementar con una encuesta de campo que sirviese (o no) para confirmar las hipótesis. El estudio se confeccionó en dos fases completamente diferenciadas. Por un lado, una investigación sobre la adicción de dichas redes sociales deportivas, que las asimilan a las genéricas y, por otro, el efecto sobre la salud mental y física de los deportistas como fruto de la presión social a la que son sometidos. La primera parte estuvo fundamentada en la lectura y puesta en común de investigaciones previas del mundo científico, aportando una contextualización pertinente para entender el funcionamiento social cuando se produce la interacción en comunidad. Se han consultado revistas científicas, repositorios, páginas web de periódicos acreditados y de prestigio y tesis doctorales.

La encuesta[39], confeccionada *ad hoc* para el estudio actual a través de Google Forms, funcionó por bola de nieve, partiendo de un grupo de deportistas vinculados al mundo del triatlón a través de un informante clave, el autor de la investigación, que previa-

---

39 La principal carencia de este estudio yace en la falta de aplicación de encuestas centradas en parámetros de investigación científica contrastados en el análisis conductual y emocional desde el punto de vista psicológico, como son el caso de escalas de Bienestar Psicológico (SPWB) de Ryff (Ryff, 1989; Díaz et al., 2006; van Dierendonck, 2004); de los afectos positivos y negativos (PANAS; Watson et al., 1988); de satisfacción con la vida (SWLS; Diener et al., 1985; Atienza, Pons, Balaguer, García-Merita, 2000); sobre la autoestima (RSS; Rosenberg, 1965; Atienza, Moreno, & Balaguer, 2000) o sobre la vitalidad subjetiva (SVS; Ryan & Frederick, 1997; Balaguer, Castillo, García-Merita, & Mars, 2005), por situar algunos ejemplos. La realización de dichas encuestas a los participantes que se han dado cita en el estudio hubiese permitido conocer mejor sus características personales y por lo tanto sus predisposiciones psicológicas, completando perfiles más sofisticados que hubiesen podido sostener más sólidamente las afirmaciones. Evidentemente, desde el punto de vista científico, una muestra más amplia hubiese permitido ampliar la representatividad de los deportistas

mente explicaba el objetivo meramente académico. Las preguntas fueron circulando a través de redes sociales como Facebook, Instagram y Twitter y de otras plataformas como WhatsApp y Telegram. Estuvo en funcionamiento entre el 15 de julio y el 1 de octubre de 2022. La participación fue anónima, con sujetos analizados principalmente de España. La encuesta constaba de 20 ítems, principalmente dirigidos a una respuesta afirmativa o negativa, aunque con cuestiones dicotómicas, politómicas y de múltiple respuesta. En total participaron 288 deportistas. Evidentemente existía una segunda parte de la investigación que pasó por la codificación y análisis de los datos obtenidos a través de la encuesta.

y sus particulares condiciones. La encuesta se distribuyó por canales prácticamente personales que permitieron llegar a un número limitado de deportistas, centrados quizá en unos específicos deportes y en una determinada zona geográfica. Así se confirma en las respuestas, aunque la encuesta era anónima. Las investigaciones *online* permiten reducir los costos y los tiempos de recolección de datos, pero quizá se ven perjudicadas por una falta de honestidad que responde a aquello que los encuestados desean mostrar de sí mismos, pero no a sus condiciones o características reales. Un estudio similar pero contrastado con encuestas científicas vinculadas a la psicología social podría segmentarizar la investigación y, por tanto, conocer datos más concretos para tipos diferentes de personas, por ejemplo, por lo que hace a individuos que escenifiquen adicciones en otros campos. Por último, el estudio hubiese podido ampliarse con la investigación de la protección de la seguridad digital que aplican los usuarios, por ejemplo, con la aceptación de seguidores que no son conocidos en la vida real o la salvaguarda de la información privada para que no sea visible por parte de los desconocidos. Además, se acepta en el presente estudio que la investigación (por el mayor uso entre los deportistas) se ha centrado en la aplicación Strava, estando sesgada por la mayor presencia de hombres con sobrerrepresentación para aquellos que cuentan con mayor nivel educativo. Un corredor de Strava puede no ser un corredor tipo, aunque es importante apuntar que la mayor proliferación en dicha *app* permite afirmar que, de existir un corredor tipo, seguramente está representado en Strava más que en cualquier otra plataforma.

Resultados

Del análisis pormenorizado de los resultados de la encuesta se pueden lanzar conclusiones descriptivas y algunas afirmaciones evaluativas. Como queda constatado en los resultados, la encuesta fue contestada mayormente por hombres (86,8 %) de edades comprendidas entre los 18 y los 50 años (un 88,2 %). Dadas las limitaciones para una mayor difusión del cuestionario, evidentemente fueron del continente europeo, previsiblemente de España.

¿Edad?
288 respuestas

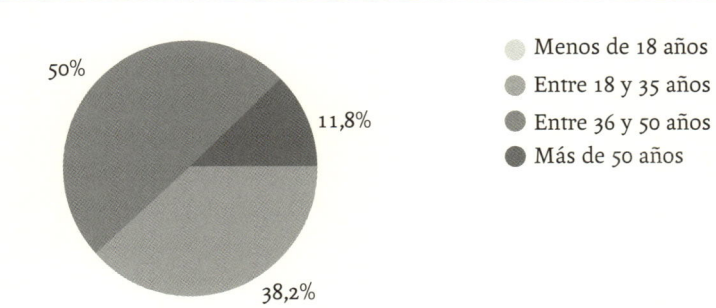

¿Sexo?
288 respuestas

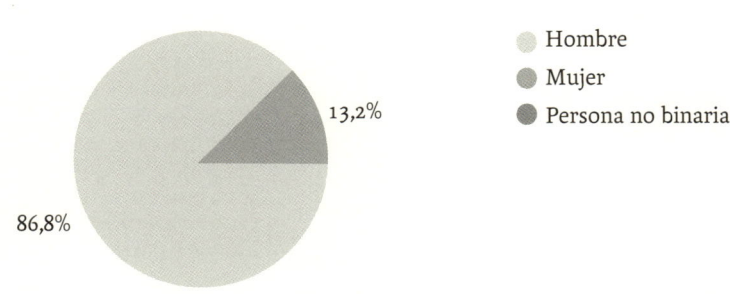

¿Continente de su nacionalidad?
287 respuestas

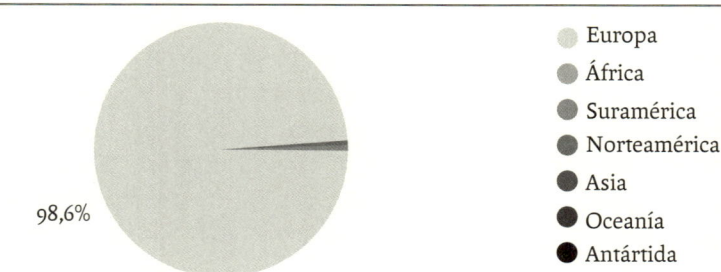

La plataforma reina en el mundo del deporte digital también se destacó en la encuesta como la más aceptada y difundida, compartiendo protagonismo con un Garmin Connect, que sin embargo es compatible con la primera al prácticamente funcionar siempre como sincronizadas. Los deportistas registran sus prácticas deportivas a través de los relojes Garmin, que ya cuenta con una *app* que permite el estudio y análisis de los datos. Sin embargo, consiente la sincronización con Strava (al igual que otras plataformas como Bkool), por lo que los datos pasan automáticamente a esta, permitiendo ahí la interacción social de la comunidad.

¿Qué aplicaciones digitales usas como red social deportiva?
288 respuestas

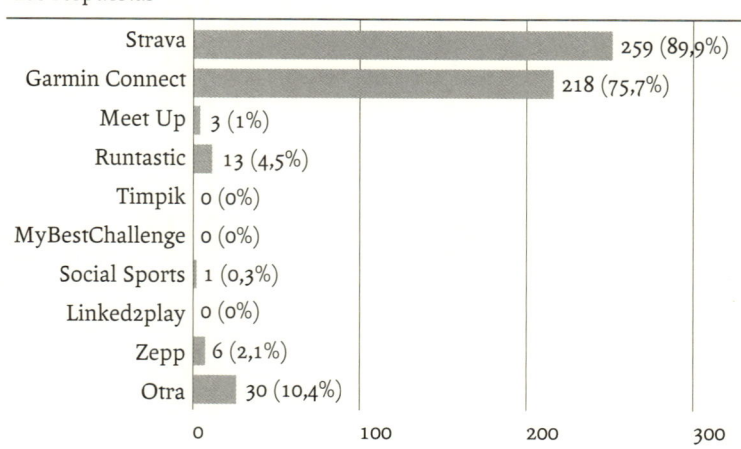

A pesar de la consideración inicial como un portal mayormente de ciclistas y corredores, los informes anuales que aporta Strava demuestran que el senderismo (el hecho de caminar que tanto se popularizó en la pandemia de 2020 y 2021) es más notorio que nunca, con especial popularidad entre las mujeres. Sin embargo, abarca todos los grupos de edad, géneros y regiones. En general, el usuario tipo sube caminatas de 2,5 a 4 horas por semana. La caminata y el senderismo fueron los deportes que protagonizaron un mayor aumento en 2021, junto con el yoga y otros entrenamientos de interior. Las particularidades del presente estudio, sin embargo, provocaron que mayormente se expresasen los participantes como deportistas vinculados a la carrera a pie (*running*) con un 34,7 %, seguido por el ciclismo y los deportes combinados como el duatlón o el triatlón. La encuesta se lanzó principalmente entre clubes de dichos deportes, a los que es más fácil llegar por estar coordinados a través de grupos de WhatsApp o redes sociales como Instagram o Facebook y por lo tanto es mucho más fácil la difusión del cuestionario entre estas comunidades. Entre el público en general que quizá practica y comparte más el mundo del senderismo y las caminatas es más difícil difundir la encuesta. De ahí la posible alteración.

¿En que deporte utilizas más las *apps* deportivas como Strava?
285 respuestas

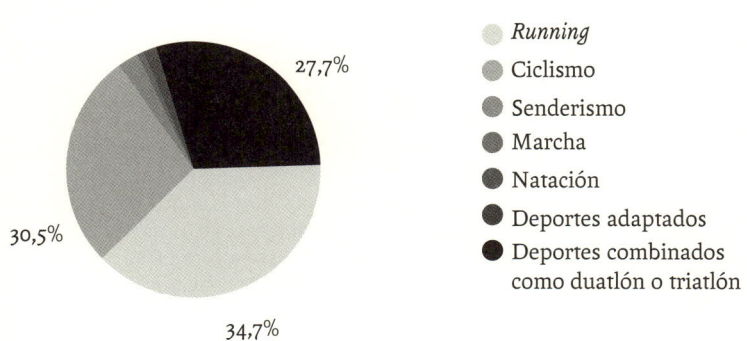

27,7 %

30,5 %

34,7 %

Running
Ciclismo
Senderismo
Marcha
Natación
Deportes adaptados
Deportes combinados
como duatlón o triatlón

Más allá del análisis de los usuarios de la plataforma deportiva, este estudio pretendía incidir en el consumo, en el modo de su utilización y su vinculación con otras redes sociales digitales y, por lo tanto, sujeto también a las consecuencias de uso que se experimentan en dichas plataformas populares como Instagram, Facebook o TikTok. Cuando a los casi 300 encuestados se les preguntó sobre su concepción del tiempo de uso, la mayoría consideró que no consume Strava por encima de lo normal, siendo esta una apreciación subjetiva que, sin embargo, habla sobre la concepción de aprovechamiento del tiempo, ligado este a sentimientos como la insatisfacción. Tampoco hay que obviar que un 15,6% de la población encuestada acepta un uso por encima de lo normal, por lo que pueden estar admitiendo una práctica viciosa de Strava. Petriz Fisas[40] hace referencia en sus estudios a la predisposición con las redes sociales de la comunidad *runner,* muy proclive a publicar *selfies* y fotos de sus competiciones o incluso entrenamientos, ritmos de carrera, logros obtenidos, fotos grupales y otro tipo de contenido. Dicha propensión se puede extrapolar a cualquier deportista, sea cual sea su práctica. López, por su parte, explica en sus investigaciones que dicha conducta se da porque correr está bien visto socialmente, como símbolo de estilo de vida saludable que también se vincula al sacrificio, la búsqueda de desafíos y la superación personal[41].

De hecho, vinculado a la pregunta anterior y en la misma línea de respuestas, un 6,2% de los encuestados acepta que algún miembro de su familia se ha quejado en alguna ocasión por el uso excesivo de Strava, lo que puede desembocar en problemas en los núcleos de convivencia.

---

40 *CMD Sports*. Petriz Fisas, A. (2017). «El "postureo" runner: Más allá de salir a correr». https://www.cmdsport.com/running/cuidate-running/psicologia-cuidate-running/el-postureo-runner-mas-alla-de-salir-a-correr/

41 López, A. N. (2019). «Análisis de la adicción al ejercicio y su relación con la motivación, el compromiso y la personalidad Grit en corredores populares» (Doctoral dissertation, Universidad de León).

¿Dedicas más tiempo del que crees que deberías a estar conectado a Strava?
288 respuestas

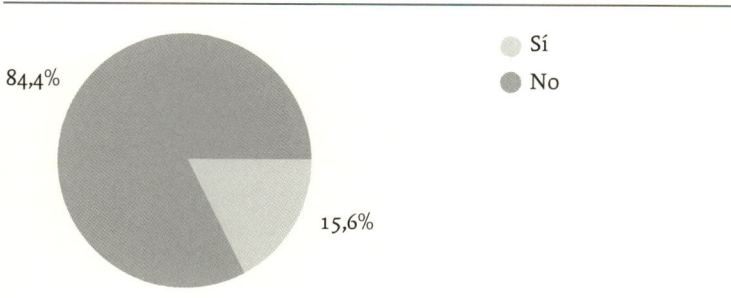

84,4%

● Sí
● No

15,6%

¿Se han quejado tus familiares de las horas que dedicas a Strava?
288 respuestas

93,8%

● Sí
● No

Dicha línea de respuesta también se observa en la estadística que afirma que la misma cantidad que la respuesta anterior (un 6,2 %) aceptan que experimentan dificultades para controlar el impulso de conectarse a Strava y que han intentado sin éxito reducir el número de horas que invierten en la observación de la comunidad digital.

Las personas que utilizan sus teléfonos inteligentes para acceder a redes sociales tienen más probabilidades de volverse adictos, por lo que en China se han tipificado dichas conductas vinculadas al mundo digital como trastornos de salud. El consumo de las redes sociales ha provocado que la capacidad de atención media de los seres humanos se haya reducido a ocho segundos, perdiéndose cuatro en quince años. El pez dorado cuenta con un lapso de atención de nueve segundos. Así lo desveló una investigación realizada en Canadá en 2015. Por su parte, un grupo de neurocientíficos del Instituto Tecnológico de Massachusetts desvelaron que la multitarea que se emprende cuando se cree que se está focalizando la atención en varios puntos es irreal y que la atención en realidad no se comparte, sino que transcurre velozmente entre dichas múltiples acciones, con un costo neuronal, ya que se consume glucosa oxigenada y cuando esta se acaba aparece una sensación de desorientación y somnolencia. Es entonces cuando, según dichos estudiosos, se libera cortisol, una respuesta del cuerpo al estrés. Y es que nos hemos mostrado (o transformado) como ávidos consumidores de novedades, de la más exigente de las actualidades. La necesitamos cada quince segundos. Esa búsqueda de recompensa permite que se active en nuestro cerebro la dopamina, que bien podría ser una especie de premio neuronal que produce una sensación de satisfacción que engancha. La nueva tecnología, con todos sus reconocimientos públicos en forma de corazones o seguidores ficticios, provoca reacciones químicas en nuestro interior que nos hace sentir bien, lo que nos obliga a seguir con el juego. Una diversión que nunca acaba porque no se entiende como perjudicial. Tampoco como un vicio peligroso. Sin embargo, se observan comportamientos compulsivos.

¿Tienes problemas para controlar el impulso de conectarte a Strava o has intentado sin éxito reducir el tiempo que le dedicas?
288 respuestas

93,8%

● Sí
● No

Casi la mitad de los encuestados, en cierta confrontación con los resultados anteriores, acepta que tras hacer deporte usa más a menudo el teléfono móvil por culpa de Strava, es decir, vinculan el deporte al consumo innegociable de la plataforma digital. Son dos prácticas que quedan asociadas, aparejadas. «Observando los resultados de la encuesta de Senso se puede constatar que, aunque en un porcentaje bajo, se observa que las personas consumen más tiempo del que deberían en el uso de dispositivos electrónicos y aplicaciones, no solo los concernientes a los deportes sino también a otras donde pueden tener un punto de referencia y también comparación con otros. Así el uso de aplicaciones deportivas también da paso al consumo de otras plataformas que podrían servir de referencia tanto en el ámbito informacional como en el social. Esto se ve asociado a que casi la mitad de los usuarios utiliza otras redes después de usar la aplicación deportiva Strava, un resultado común entre los consumidores de plataformas sociales. Las redes sociales y el uso de internet en general forman parte ya de nuestra vida cotidiana y tanto jóvenes como adultos, han tenido que equipararse para responder ante la necesidad de comunicarse y mantenerse informado, una necesidad que se ha convertido en una "prioridad personal" y una "necesidad primaria" incluso más significativa que otras necesidades como la de interrelación y de seguridad, esto reflejado en que más de la mitad de los usuarios han respondido que cuesta trabajo mantenerse sin internet por días»[42], analiza el psicólogo Alexander López de León, doctorando de la Universidad de Granada y con máster en Psicología Social por la Universidad de Valencia.

---

[42] López de León, Alexander (2022). Entrevista telefónica. López es psicólogo, doctorando de la Universidad de Granada y máster en Psicología Social por la Universidad de Valencia. Realizada el 29 de agosto de 2022.

¿Utilizas el teléfono móvil más a menudo o por más tiempo justo después de hacer deporte y por culpa del consumo de Strava?
288 respuestas

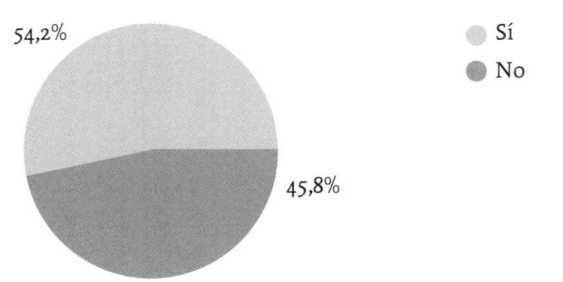

54,2%

● Sí
● No

45,8%

Dichos datos se engloban en una tendencia general conocida por la que los teléfonos inteligentes forman parte de la vida diaria de la mayoría de la población mundial. El 67,4 % de los encuestados acepta que le cuesta trabajo permanecer sin internet varios días seguidos. Los usuarios de dispositivos móviles los utilizaron en 2024 una media de 5 horas y un minuto, lo que supone un aumento de 16 minutos respecto al año anterior, concretamente un 5,6 %. Según los estudios de Telefónica, el 34,7 % de este tiempo se invierte en aplicaciones de mensajería y redes sociales, ligeramente por encima del 31,4 % de aplicaciones de entretenimiento. Muy por detrás quedan otros usos, como cuestiones vinculadas con la utilidad del propio dispositivo (14,4 %) o de videojuegos (11,1 %)[43].

La ciberadicción se convierte en un patrón conductual sin control que puede incluso descuidar las relaciones sociales analógicas, las responsabilidades profesionales y la salud y la higiene corporal. El 67,4 % de los deportistas analizados en la presente investigación expresaron que les cuesta permanecer sin internet varios días seguidos.

43 Uso de dispositivos móviles en 2024: https://www.telefonica.com/es/sala-comunicacion/blog/dispositivos-moviles-2024/

¿Te cuesta trabajo permanecer sin Internet varios días seguidos?
288 respuestas

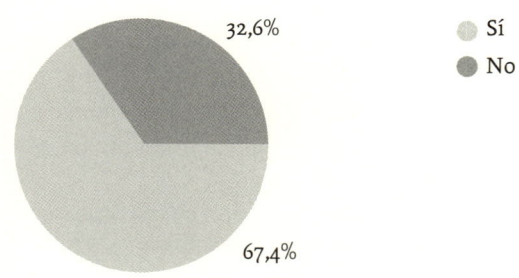

32,6%

● Sí
● No

67,4%

Vinculado más específicamente a los efectos sobre la salud mental, el 21,5 % de los deportistas a los que se les preguntó en el presente estudio aceptaron que experimentan la sensación de que están perdiendo o desaprovechando su tiempo cuando navegan por Strava y observan los entrenamientos de los integrantes de su comunidad digital. Esta es una tendencia que se ha generalizado con el consumo de las redes sociales más populares. Como explica Alberto Knapp Bjerén, dicho sentimiento incluso se ha conceptualizado: «Cada vez son más las personas que sienten que su vida es mucho menos interesante que la de sus conocidos y que tienen siempre la sensación de estar perdiéndose algo. Cualquier buen momento se rompe al descubrir que alguno de tus colegas está pasándoselo fenomenal en algo que tu desconocías. Las redes sociales, en las que solo se cuenta lo bueno, se están convirtiendo en un nuevo elemento de agobio que ya tiene nombre: FOMO, Fear of Missing Out. FOMO es un miedo social que siempre ha existido: la exclusión, el saber que tus colegas van a algo o tienen algo mejor que tú. Pero gracias a los *smartphones* y a la ubicuidad e instantaneidad de las redes sociales, ese miedo se ha convertido en un acompañante habitual. Al consumo clásico aspiracional, querer siempre algo que no tenemos y que creemos es imprescindible para nuestra felicidad, se une ahora la angustia de saber constantemente que nos estamos perdiendo algo, de no poder disfrutar lo que estas haciendo en un momento concreto porque a la vez sabes a ciencia cierta, gracias a tu móvil y Twitter, que te estás perdiendo otra cosa. Ahora siempre sabes qué están haciendo tus amigos, y por lo tanto qué te estás perdiendo. Eso es lo que puede generar ansiedad y una sensación de falta de adaptación o exclusión. Según un estudio de JWT, tres de cada diez personas de entre 13 y 34 años han experimentado esta sensación, y generalmente cuando ven que sus amigos hacen cosas a las que no están invitados»[44].

¿Tienes la sensación de que te estás perdiendo algo o estás desaprovechando tu tiempo a nivel deportivo cuando navegas por Strava y ves el ritmo de los entrenamientos de tus conocidos?
288 respuestas

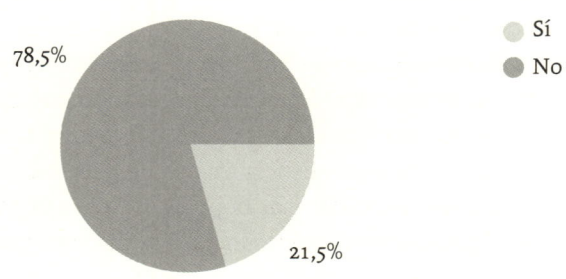

78,5%

○ Sí
● No

21,5%

Los investigadores Frankena, Bekhuisb y Tolsmaa realizaron un pionero estudio sobre la plataforma Strava, sobre todo a partir del uso de macrodatos facilitados por la empresa. Tras analizar grupos de clubes, descubrieron que recibir elogios indujo a los corredores a correr más y con mayor frecuencia. Con ello, buscaban investigar la influencia de los amigos (*online*) en los hábitos de entrenamiento de los demás, pero se limitaron a la observación de una influencia que se quedaba en los aspectos conductuales por lo que hacía al deporte, sin analizar las consecuencias que dicha interacción social provocaba en los usuarios. Es una carencia que

44 FOMO: El miedo a perderse algo (Fear of Missing Out): https://blogs.elpais.com/consumidos/2012/03/fomo-el-miedo-a-perderse-algo-fear-of-missing-out.html

se ha querido mejorar en el presente estudio. En su investigación se limitaban a exponer que eran conocedores que la naturaleza competitiva de plataformas como Strava también puede tener efectos adversos, como el estrés psicológico y la presión creada por la comparación constante, sin que dicha afirmación se ampliase con un trabajo de campo para su contrastación.

Constantemente se establecen patrones públicos de comportamiento deportivo, creando expectativas tanto de carga de trabajo como de rendimiento. El contexto, ya saben, importa poco. Se tiene poco en cuenta. En 2024 diferentes investigaciones que pusieron de acuerdo la base de datos de Strava y Ride with GPS desvelaron que la distancia media recorrida en bicicleta en Estados Unidos oscilaba entre 19 y 35 kilómetros, subiendo a 74,3 kilómetros cuando la ruta había sido planificada. Poco significado tienen esos datos más allá de potenciar la comparación. Defendió el psicólogo Kike Esnaola en un artículo en *El País*: «Somos seres gregarios, sociales y necesitamos de la comunidad para desarrollarnos plenamente. Sin embargo, en tales afirmaciones faltan muchos matices y se nos olvidan algunas realidades que quedan relegadas a los márgenes. La socialización puede suponer un apoyo fundamental, pero también puede ser agotadora o generar un gran malestar. Especialmente si no hemos desarrollado habilidades ni la seguridad necesaria para mostrarnos tal y como somos frente a los demás. Es curioso observar que no tenemos conciencia de que la socialización exige de una energía y que nuestra energía es limitada»[45].

Según añade López de León: «En deportes de alto rendimiento y otras actividades físicas, tener competencia y basarse en los resultados de otros puede ser un aspecto positivo para aumentar el nivel de exigencia, superar sus propios registros y alcanzar los objetivos personales. Sin embargo, la competencia puede ser una fuente de estrés e insatisfacción también. Casi una cuarta parte de los usuarios participantes demuestra que el rendimiento propio y la compara-

45 https://elpais.com/eps/2024-10-31/la-socializacion-es-una-de-las-bases-del-bienestar.html

ción con otros deportistas tiene una estrecha relación en el uso de la aplicación deportiva. Así, las aplicaciones deportivas podrían estar funcionando (para una sección de la población) no solo como una interfaz de recuentos de los resultados y exigencias propias en el ejercicio físico, sino también como un medio causante de malestar psicológico —estrés, remordimientos, ansiedad, infravaloración de sus propios procesos y progresos personales— debido al uso inadecuado y comparativo de sus herramientas y disposición de información que afecta el rendimiento propio y objetivos personales. Por tanto, es importante adherirse a una educación deportiva que permita el adecuado desarrollo de las capacidades personales, la concienciación en las diferencias de los procesos físicos de los otras personas y la valoración de la competencia sana»[46].

La insatisfacción puede asociarse a la irritabilidad, la ansiedad o la depresión. Así lo atestiguan varias investigaciones[47] en las que, por ejemplo, se comprobó que el 68 % de casi 300 atletas experimentaban una gran ansiedad deportiva y una interrupción de la concentración si en las dos horas posteriores a la práctica usaban Facebook. El 26 % de los y las encuestadas en la presente investigación manifestó sentir insatisfacción al observar sus registros comparados con los de sus compañeros de comunidad digital. Más de 1 de cada 4. El 14 % llegó a aceptar una pérdida de confianza asociada y el 20 % sentir presión social, lo que aumenta la inseguridad y el sentimiento de inferioridad.

En redes se produce una retroalimentación perniciosa porque los algoritmos aconsejan contenido en relación con las búsquedas. Y esas pueden estar vinculadas a nuestro estado de ánimo. Se oye con asiduidad «estoy deprimida» o «tengo ansiedad», en una conversación que se traslada al mundo digital, abriendo la caja de Pandora. Dichas autoetiquetas (a menudo sugestionadas por supuestos

46 López de León, Alexander (2022). Entrevista telefónica. *Op. cit.*
47 Encel, Kim; Mesagno, Christopher; y Brown, Helen (2017). «Facebook use and its relationship with sport anxiety». *J Sports Sci.* 2017 Apr;35(8):756-761. doi: 10.1080/02640414.2016.1186817. Consulta el 7 de octubre de 2022: https://pubmed.ncbi.nlm.nih.gov/27214782/

influencers) se pueden ir agravando a través del consumo de contenido relacionado y como profecías autocumplidas. Lo temporal puede acabar convirtiéndose en estructural, el nerviosismo en angustia, la preocupación en ansiedad, la tristeza en depresión, la negatividad en fatalismo. Las redes sociales digitales todo lo magnifican y los problemas acaban por dibujarse como una epidemia, más preocupante aún por ser silenciosa.

Como con el resto de las redes sociales, la actividad digital puede afectar al rendimiento deportivo. Otra investigación desarrollada en 2019[48] constató, a través de los tuits de más de un centenar de jugadores de la NBA entre 2009 y 2016, que colgar publicaciones en dicha red social entre las once de la noche y las siete de la mañana del día del partido se asoció con un porcentaje de acierto más bajo en el tiro a canasta y menos rebotes logrados. Dichas teorías quedaron ratificadas por un nutrido grupo de investigadores[49], que demostraron con el análisis de veintiún boxeadores que aquellos que jugaban a videojuegos o consumían las redes sociales tomaban peores decisiones después, durante los combates, en comparación a aquellos que no hacían nada previamente. Con futbolistas reportó los mismos resultados[50]. La conclusión del estudio fue que navegar por las redes sociales induce un periodo dilatado de impulsos eléctricos en ciertas áreas del cerebro, lo que disminuye el ritmo de

48 Jones, Jason J.; Kirschen, Gregory W.; Kancharla, Sindhuja; y Hale, Lauren (2019). «Association between late-night tweeting and next-day game performance among professional basketball players». *Sleep Health*. Volume 5, Issue 1, February 2019, Pages 68-71. Consulta el 7 de octubre de 2022: https://www.sciencedirect.com/science/article/abs/pii/S2352721818301724?via%3Dihub

49 Sousa Fortes, Leonardo; Gantois Petrus; De Lima-Júnior, Dalton; Teixeira Barbosa, Bruno; Caputo Ferreira, Maria Elisa; Yuzo Nakamura, Fabio; Albuquerque, Maicon R.; y Souza Fonseca, Fabiano. (2021). «Playing videogames or using social media applications on smartphones causes mental fatigue and impairs decision-making performance in amateur boxers». *Applied Neuropsychology: Adult*, DOI: 10.1080/23279095.2021.1927036

50 Sousa Fortes, Leonardo; De Lima-Junior, Dalton; Fiorese, Lenamar; Nascimento-Júnior, José R. A.; Mortatti, Arnaldo L.; y Ferreira, Maria E. C. (2020). «The effect of smartphones and playing video games on decision-making in soccer players: A crossover and randomised study». *Journal of Sports Sciences*, 38:5, 552-558, DOI: 10.1080/02640414.2020.1715181

procesamiento de la información. La capacidad de concentración se ha reducido de doce a ocho segundos, según un estudio de Microsoft Corporation[51].

Por tanto, el consumo de redes sociales antes del ejercicio físico reduce las capacidades de respuesta y la toma de decisiones adecuadas en el deporte. Dicho consumo con posterioridad puede afectar a la autoestima por la comparación con otros deportistas de la comunidad más y mejor preparados.

¿Te produce insatisfacción mirar tus registros si los comparas con los de tus compañeros?
288 respuestas

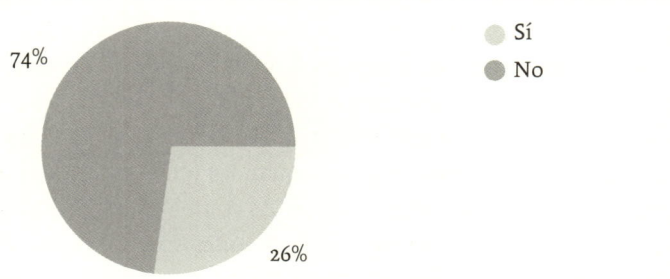

¿Se podría decir que incluso pierdes confianza en ti mismo cuando observas los mejores registros de amigos o conocidos en Strava?
285 respuestas

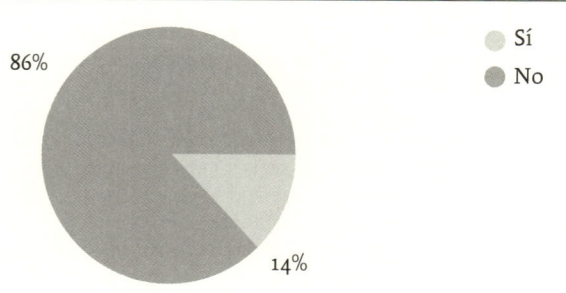

51 *Medical Daily* (2015) Consultado en https://www.medicaldaily.com/human-attention-span-shortens-8-seconds-due-digital-technology-3-ways-stay-focused-333474

¿Te sientes presionado/a al observar tus registros y los del resto de personas que sigues en las plataformas tecnológicas como Strava?
285 respuestas

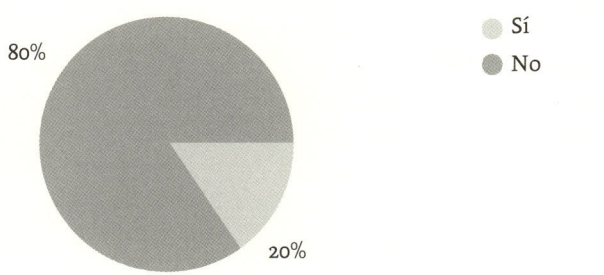

El 11,5 % de los encuestados en el presente estudio aceptaron centrar buena parte de su tiempo durante el entrenamiento en la superación de los segmentos del Strava. Para el 29,9 % solo existía ese pensamiento cuando los segmentos estaban próximos. En total, más del 40 % aceptaba estar centrados en la superación en dicho «juego» en parte o la totalidad del entrenamiento.

¿Pasas parte del tiempo de tu entrenamiento pensando en la superación de los registros del Strava?
288 respuestas

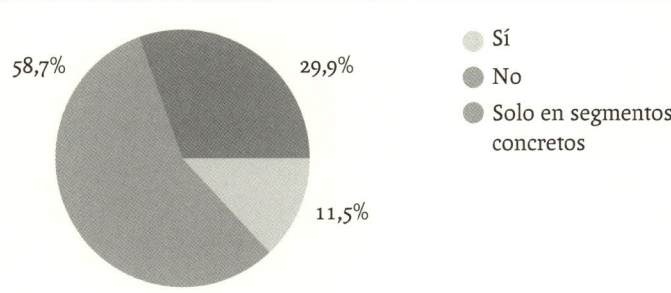

Marshall McLuhan acuñó hace décadas un «el medio es el mensaje» que renovó su vigencia con la llegada de internet. Para la gran mayoría de los que reciben una información a través de las redes digitales el contexto y los prejuicios son más importantes que el contenido.

Es decir, es más importante la parte connotativa que la denotativa. La comunicación (en una regla que se ha relanzado en el mundo virtual) siempre ha privilegiado los contextos a los textos. En las redes sociales existe un lenguaje particular pero no siempre se digiere bajo dichas consignas. En el ensordecedor ambiente virtual, no queda claro si la población percibe todo lo que se calla, todo lo que queda, interesadamente, fuera de foco, todos los matices que se pierden y que solo ayudan a simplificar los mensajes y, con ellos, la realidad.

Solo el 10,8 % de los y las encuestadas acepta que borra o directamente no sube el contenido si no se considera lo suficientemente positivo para que sea admirado por la comunidad de seguidores. Es, por tanto, un comportamiento inducido por la aceptación del interlocutor. El dato confirma otros estudios como los realizados por Martín Critikián y Medina Núñez[52] que aseguraban, en referencia a la Generación Z (nacidos en los últimos años de los noventa e inicio de los años 2000) que, a pesar de los sentimientos negativos que esto pudiese generarles, el 70 % de los encuestados no borraba una publicación aun habiendo recibido comentarios negativos o desagradables y un 90 % afirmaba que tampoco borraba una publicación si no recibía los «me gusta» esperados. El 80 % de ellos negó hacer publicaciones estratégicamente pensadas para aumentar sus *likes*. En el mundo digital los usuarios fortalecen su comunidad y la depuran. Lo hacen sin restricciones espaciotemporales, lo que ha supuesto un cambio de paradigma clave en la historia. Con una inexistencia de jerarquía y en el que el autogobierno se impone de forma espontánea. El mecanismo de agregación está sujeto a la voz propia, al espacio reservado en el que cada sujeto digital es escuchado, observado y seguido. Con la exigente exhibición a la que eso obliga, destruyendo prácticamente la separación entre la vida privada y la pública. Se magnifica, con todo, la frugalidad vinculada al individualismo, con una excitación constante que solo entiende del presente y que anhela la hiperactividad

52 Martin Critikián, D. y Medina Núñez, M. (2021). «Redes sociales y la adicción al like de la generación z». *Revista de Comunicación y Salud*, 11, 55-76. https://doi.org/10.35669/rcys.2021.11.e281

que no descansa y que no reflexiona. La identidad pública depende hoy más de la imagen que se traslada a través del etéreo mundo de las redes sociales que de la vida analógica. Se transmite aquello que se considera que gusta a los demás y en ocasiones el comportamiento primigenio de dicha acción es la autocensura, la feroz crítica sobre una representación del yo que se cree débil. La búsqueda de la reciprocidad se inicia con la pretensión de la homogeneización para encauzar en el grupo, en la comunidad. Porque la identidad nace de la interacción. Es necesario el retorno.

¿Borras o no subes contenido a Strava si crees que no cuenta con el suficiente nivel para ser admirado o reconocido por tus seguidores?
288 respuestas

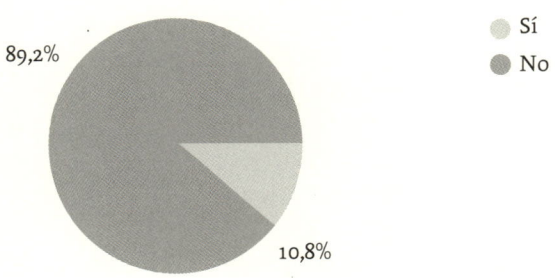

89,2%

10,8%

● Sí
● No

Según considera Jordi Pascual (licenciado en Ciencias del Deporte y máster en Alto Rendimiento Deportivo): «Como entrenador recomiendo Strava a mis deportistas porque considero que es una magnífica herramienta para controlar el progreso. Creé segmentos para testear a mis deportistas, tanto estado de forma como aerodinámica en gente que prepara media y larga distancia en triatlón. También para controlar cargas semanales, mensuales e incluso anuales. Puedes conocer medias de velocidad anual o kilómetros totales. Eso podría ser totalmente positivo. Si se utiliza de forma profesional y con criterio es una herramienta que nos puede servir para mejorar deportivamente. Pero evidentemente también tiene su parte negativa. He visto a gente crear segmentos única y exclusivamente para tener coronas o KOM. Segmentos que solo conoce una o dos personas para tener premios. Hay deportistas creando segmentos con el único objetivo de tener reconocimientos, sentirse valorado, aunque sea entre el grupo de amigos o entrenamiento. Hay cierta obsesión. Un uso erróneo. Muy perjudicial para la salud mental porque esa ofuscación no está vinculada al deporte, sino al reconocimiento social. Al fin y al cabo, como cualquier red social, donde se muestra una vida ficticia a menudo muy alejada de la realidad»[53].

Dicho comportamiento inadecuado es aceptado por el 18,4 % de los encuestados, que respondieron afirmativamente cuando se les preguntó si habían llevado su cuerpo (su capacidad física) al límite e incluso por encima para superar algún registro de Strava. En el deporte es usual superarse físicamente mediante el entrenamiento, pero debe contar con un análisis distinto el hecho de que se pueda llevar la capacidad física por encima de las posibilidades individuales solo con el único objetivo de mejorar registros en una red social. La admiración y respeto de la comunidad digital es clave en dicho planteamiento. El 7,3 % incluso llega a aceptar, en la siguiente pregunta, que su esfuerzo físico pudo llegar a producirse bajo un comportamiento irresponsable.

¿Has llevado tu cuerpo y por tanto tu capacidad física al límite o incluso más allá por superar algún registro del Strava?
288 respuestas

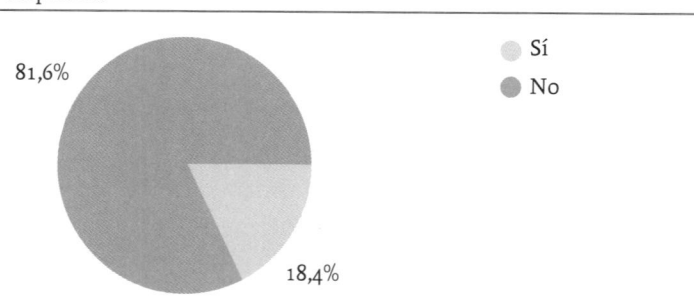

53 Pascual, Jordi (2022). Entrevista telefónica. Pascual es licenciado en Ciencias del Deporte y máster en Alto Rendimiento Deportivo. Realizada el 15 de agosto de 2022.

¿Has podido tener un comportamiento irresponsable en ese sentido que hubiese podido afectarte físicamente?
288 respuestas

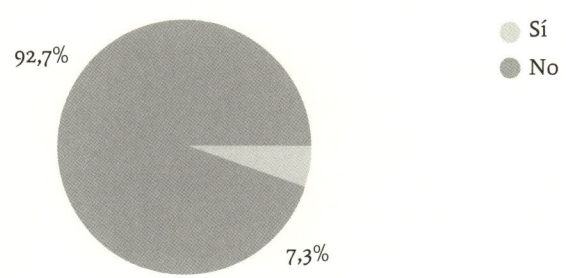

92,7%

● Sí
● No

7,3%

En las interacciones humanas, las señales de éxito ofrecidas en las redes sociales, por ejemplo, por el número de seguidores o la cantidad de «me gusta» obtenidos en las publicaciones, implican una mejora de la reputación y son capaces de activar el sistema de recompensa del cerebro, ya que activan regiones cerebrales asociadas a este, como la corteza prefrontal ventromedial, el estriado ventral y el área tegmental ventral. Así lo demostraron, con sus experimentos, Fareri y Delgado[54]. Por su parte, Sherman, Payton, Hernández, Greenfield y Dapretto[55] constataron, a través de una completa investigación, que los adolescentes mayores desarrollaban una actividad cerebral en las regiones neuronales implicadas en el procesamiento de recompensas cuando observaban en Instagram fotografías con más «me gusta» que no otras. Demostraron así que la cantidad de apoyos públicos se vinculaba al respaldo posterior y, por tanto, a la influencia o popularidad social. Las fotos con más interacciones positivas provocaban mayor actividad cerebral también por lo que hacía a la imitación y la atención. Se destacó el papel del núcleo accumbens al recibir retroalimentación positiva de las propias fotografías.

54 Fareri DS, Delgado MR. «Social Rewards and Social Networks in the Human Brain». *Neuroscientist.* 2014 Aug;20(4):387-402. doi: 10.1177/1073858414521869. Epub 2014 Feb 21. PMID: 24561513.

55 Sherman, L. E., Payton, A. A., Hernández, L. M., Greenfield, P. M., y Dapretto, M. (2016). «The power of the like in adolescence: effects of peer influence on neural and behavioral responses to social media». *Psychological Science,* 27(7), 1027-1035.

El 21,9% de los encuestados para el presente estudio también aceptan que valoran más el comportamiento deportivo de los compañeros o conocidos en Strava en función de sus resultados subidos a la plataforma.

Un estudio de Franken, Bekhuis y Tolsma[56] de 2023 confirmó las hipótesis en esta investigación desarrolladas al afirmar que el simple registro de la conducta en la aplicación digital Strava tiene la capacidad de modificar el comportamiento ante la comparación social. El trabajo de campo se realizó sobre 329 corredores de cinco clubes virtuales de la *app*. La principal conclusión fue que los elogios inducen a los corredores a correr más y con mayor frecuencia. La observación de las prácticas deportivas de los demás miembros del grupo inducía a pensar que las actividades rutinarias se convertían automáticamente en norma social, con los usuarios interpretados como modelos a los que imitar. Strava funciona, con ello, como un modelador comportamental. Analizaron, acertadamente, que crece el interés deportivo, pero no dieron un paso más para evaluar los peligros asociados por lo que hace a la salud mental.

¿Valoras más el comportamiento deportivo de tus compañeros o conocidos en función de sus números registrados en Strava?
288 respuestas

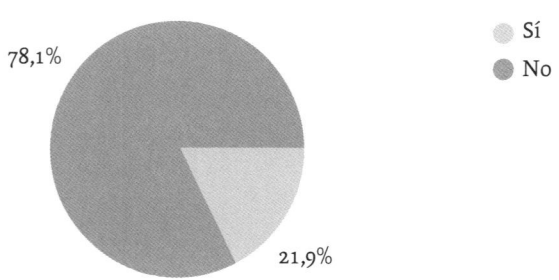

56 Franken, R., Bekhuis, H., & Tolsma, J. (2023). «Kudos make you run! How runners influence each other on the online social network Strava». *Social Networks,* 72, 151-164. Consultado en diciembre de 2024 en: https://www.sciencedirect.com/science/article/pii/S0378873322000909

Por último, se quiso preguntar a los y las encuestadas por su predisposición a pagar por la aplicación, dado que la compañía decidió en 2020 dar un paso adelante para aumentar los ingresos, bloqueando con previo pago algunos servicios de gran populari-dad entre los usuarios, como era, por ejemplo, los *rankings* cla-sificatorios en los sectores ciclistas. Alrededor de 1 de cada 5 de los encuestados manifestó su predisposición al pago, apreciando así el valor añadido de la plataforma. Tras un periodo de prueba gratuito, el precio de la subscripción se actualizó a mediados de 2024 a 7,99 €/mes o 49,99 €/año, mientras los suscriptores del plan familiar pagaban 89,99 € al año.

¿Estás dispuesto/a a pagar para contar con los servicios adicionales que ofrecen las *apps* digitales vinculadas al deporte?
288 respuestas

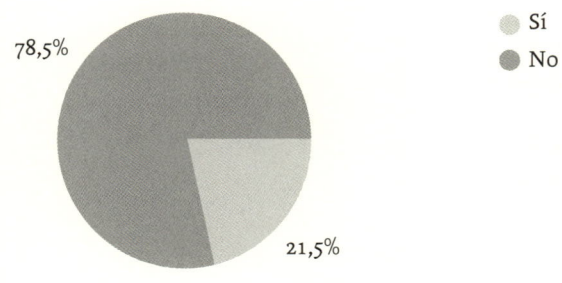

Los perjuicios del escrutinio público

El comportamiento humano se ha demostrado alterado en función de la observación. Simple y llanamente, nos comportamos diferente cuando nos miran. Existen sesgos de reactividad que modifican nuestro proceder y, si lo vinculamos a las redes sociales (y más concretamente a las deportivas) nos llevan a modificar nuestra conducta cuando hacemos deporte. El mundo de la ciencia (neurociencia, psicología o sociología) ha estudiado la relación entre el observado y el observador, demostrando que se producen interferencias en ambos sentidos, dependiendo por supuesto de la observación más o menos directa, el papel desempeñado o el nivel de influencia que tienen ambos entre sí. El observado, con el estudio-mirada altera su naturalidad. De hecho, la mera exposición, aunque no reporte interacción ajena o conocida, ya modifica el comportamiento del usuario. Es decir, vivimos en una sociedad expectante y el mero hecho de saber que se va a subir la práctica deportiva a una plataforma pública ya altera el comportamiento durante la realización del ejercicio. El impacto de la observación (del escrutinio público hemos querido llamar aquí) modifica la conducta tanto *a priori* como *a posteriori.* Un átomo cambia su configuración de ondas a partículas cuando es estudiado, cuando es observado. Es el efecto del actor y el observador en la física cuántica. No es un paralelismo útil, pero es bonito.

Más allá de los cambios físicos a nivel molecular, la cultura modela el proceder humano y por ejemplo le impone una percepción selectiva por la que tendemos a observar aquello que está fijado en nuestra mente a raíz de los prejuicios. Lo demostraron con el experimento de la cicatriz Kleck y Strenta[57] en 1980, por el que seleccionaron a un grupo de personas a las que se quería someter a las miradas de la sociedad para observar su comportamiento. Para ello se les pintó una cicatriz en la cara y se les mostró ante el espejo. Sin em-

---

57 Kleck, R. E. y Strenta, A. (1980). «Perceptions of the impact of negatively valued physical characteristics on social interaction». *Journal of Personality and Social Psychology*, 39, 861-873.

bargo, antes de salir a la calle, y bajo la excusa de retocar el maquilla-je, se les borró la cicatriz. A pesar de ello, las personas entrevistadas con posteridad dijeron que se habían sentido discriminadas por sus cicatrices, por una deformidad física que realmente no tenían. Las expectativas se impusieron a la realidad.

Tendemos a comportarnos (en nuestra voluntad de aceptación en una comunidad) en función de cómo pensamos que las personas quieren y esperan de nosotros. Mientras con posterioridad, como se demuestra en las respuestas de la encuesta, se favorece el endo-grupo, se produce un efecto arrastre influenciado por la mayoría, se busca minimizar el conflicto y se potencia el efecto halo con la sobredimensión de los rasgos tanto positivos como negativos. «Es extraño porque las redes sociales se rigen de una forma determina-da e incluyen un vocabulario determinado. De repente, un día se me-tieron unas palabras en mi cabeza que reconocí que no eran mías. Y esas palabras generaban una serie de ansiedades por estar expuesta y por la respuesta inmediata de los demás de las cosas que compar-tía. Me dio mucho miedo. Tuve la necesidad de cortar con eso para oír mis propios pensamientos. Empecé a estar pendiente de cosas que son ajenas a mi manera de ser y pensar. Ahora mismo no tengo instalado ni el Instagram»[58], confesó la cantante Maika Makovski tras volver a la vida pública con el disco *Búnker Rococó*.

La presión social es elemento vertebral en las redes sociales, tam-bién en las deportivas. La sensación de vigilancia activa los sistemas atencionales del cerebro. Tanto los reflexivos de la corteza prefron-tal como los automatizados del tálamo. La vigilancia nos alerta y la atención activada nos hace conscientes lo que, a la postre, autorre-gula de forma más estricta la conducta, inhibiendo cierto placer para secundarlo bajo los criterios de la aprobación social. La máxima del individuo observado es la aceptación en comunidad y no el libre albedrío. La autoevaluación se construye bajo los criterios de la idea

58 Maika Makovski, cantante: «Tuve la necesidad de cortar con las redes sociales para escuchar mis propios pensamientos»: https://elpais.com/cultura/2024-11-28/maika-makovski-cantante-tuve-la-necesidad-de-cortar-con-las-redes-sociales-para-escuchar-mis-propios-pensamientos.html

que construimos en los demás (a veces certera y a menudo irreal y excesivamente exigente) sobre nosotros. En todo este planteamiento es clave la confianza en uno o una misma y a mayor aceptación (y conocimiento) personal, menor influencia externa.

Las redes sociales (e, insistimos, también las deportivas) se convierten, con todo, en una especie de panóptico, la estructura carcelaria ideada por el filósofo Jeremy Bentham en la que el guardián tiene capacidad de controlar a todos los prisioneros, repartidos en celdas individuales. Lo importante en el efecto panóptico (si se me permite) no es la presión por la observación que padece el prisionero sino el sometimiento a la posible mirada y la modificación que vive, ya sea consciente o inconscientemente. Bentham argüirá que el experimento (extrapolable interesadamente a nuestra realidad de vivencia híbrida) creaba un sentimiento de omnisciencia invisible.

Nos convertimos en empresarios de nosotros mismos. O, más bien, en explotadores de nosotros mismos. Todo para crear un proyecto, un diseño que tenga cabida en algunas de las pasajeras modas de la actualidad. Gilles Lipovetsky dirá: «En una sociedad en que incluso el cuerpo, el equilibrio personal, el tiempo libre están solicitados por una plétora de modelos, el individuo se ve obligado a escoger permanentemente, a tomar iniciativas, a informarse, a criticar la calidad de los productos, a auscultarse y ponerse a prueba, a mantenerse joven, a deliberar sobre los actos más simples: ¿qué coche comprar, qué película ver, dónde ir de vacaciones, qué libro leer, qué régimen, qué terapia seguir? El consumo obliga al individuo a hacerse cargo de sí mismo, le responsabiliza, es un sistema de participación ineluctable al contrario de las vituperaciones lanzadas contra la sociedad del espectáculo y la pasividad. En este sentido, la oposición establecida por Toffler entre consumidor de masa pasivo y "prosumidor" creativo e independiente ignora en exceso esa función histórica del consumo»[59].

Las nuevas generaciones (ya no tan jóvenes) ven la necesidad, cuasi la obligación, de contar con un proceso de configuración de la

59 Lipovetsky, Gilles: *La era del vacío. Ensayos sobre el individualismo contemporáneo*. Anagrama. 2006. ISBN: 978-84-339-0083-8. Pág. 109.

identidad digital. Un proceso que, además, no finaliza nunca porque en el mundo virtual todo caduca con rapidez y hay que renovarse constantemente para no quedar apeados. No se sabe bien de qué, pero no quedar apeados de un camino a la autorrealización que sitúa a los individuos como productos de un escaparate. Dicha identidad digital supone un esfuerzo, tanto de tiempo como mental hasta agotar a cualquier hijo de vecino. Un *alter ego* que precisa de alimento hasta obligarnos, en ocasiones extremas, a olvidarnos de nuestra propia biografía real, de la vida que podemos palpar. No hay realidad más que la que se muestra. No hay amistad si no está en redes. No hay mundo disociado de lo virtual. Todo ello desaparece con facilidad cuando los problemas reales se imponen, cuando sucede una catástrofe o perdemos a un ser querido. Se esfuma la red virtual y su artificial cobertura emocional. Puede existir un duelo exteriorizado a través de las plataformas tecnológicas, pero difícilmente traslada el calor de un abrazo físico. Es así cuando se entiende que la colonización con la que el mundo virtual somete a la vida real sirve de más bien poco, por lo que se puede exacerbar el sentimiento de soledad, desengaño y desánimo. Porque en internet (en las redes sociales sometidas a la dictadura de la estética inmaculada) todo es perfecto, todo es ideal, todo ha sido idealizado. Y la vida es otra cosa. Con su belleza, por supuesto, pero también con sus guantazos. Sin criterio ni consciencia, la configuración de lo personal (la creación y fortalecimiento de la identidad, es decir, el crecimiento) se centrará en ese mundo virtual de volatilidad frustrante. Y, cuando nos miremos al espejo, desaparecerá la artificialidad y la salud mental temblará. En este mundo actual, atentos a qué atendemos.

Simone Biles insistió, tras su ausencia, que tomarse un descanso de la competición y dejar de estar sometida a la presión social fue clave para sanarse mentalmente. Volvió mejor y demostró de nuevo ser la mejor gimnasta de la historia, superando barreras físicas nunca exploradas. Según defendió la analista JayNay Honest, conseguidas las nociones físicas en el mundo de la gimnasia, en competición el 10 % del potencial procede de los músculos, pero el restante 90 % llega de la mente.

«Pain is temporary. Strava is forever», se leía en una pancarta que un aficionado anónimo subió a uno de los múltiples portales (comunidades) sobre Strava que se propagan por las redes sociales. Porque Strava (y otras aplicaciones sobre práctica y rendimiento deportivo) son mucho más que sus aplicaciones. Son después una red de difusión a través de otras plataformas para interactuar (e intentar sacar pecho) con otros miembros de la comunidad con los que se comparte esfuerzo y quizá objetivos. Allí, el dolor es temporal, pero Strava eterno. Y la eternidad nos espera. Cuando somos observados (estudiados) aumenta la autoexigencia y, ligada, posiblemente la productividad, los resultados. Pero, también unida, la presión que sentimos. De cómo se digiera esa receta depende el estado de la salud mental de cada uno. Las plataformas tecnológicas promocionan la primera parte, pero nunca hablan de la segunda. Según Byung-Chul Han, la sociedad de rendimiento (como él la define, aunque también ha hablado de la sociedad del cansancio) es especialista en la fabricación de depresivos y fracasados. A la población se le exige un nivel y volumen constante, una aportación innegociable para continuar actualizada, útil, rejuvenecida. No aportarlo tanto en el aspecto social como en el físico puede conducir a la marginación, a la caducidad. Es por ello por lo que se opta, como argumenta el filósofo asiático, por la autoexplotación, el autotormento y la autoextenuación, dado que se observan, paralelamente, como víctimas y como culpables de su fracaso y de la depresión que, consecuentemente, provoca esa frustración. Ejemplos, a millones. Son, por ejemplo, los seguidores del *influencer* y falso mentor Llados haciendo *burpees* a las cinco de la mañana. Hay cierta dosis de culpabilidad (cimentada en la falta de autoestima) que los obliga a la extenuación para intentar evitar o salir de la desgracia. El «si quieres, puedes» vinculado al rendimiento deportivo o el estado físico siempre ha sido fuente de frustración y desencanto.

La rentabilidad se ha apoderado del ocio, que parece no tener sentido si no va sujeto a los parámetros de la utilidad, de la ganancia económica. Aunque eso adquiera forma de autoformación o autodesarrollo que, en el futuro, abrirá puertas en el mercado. Y dado que la consigna del sistema capitalista es que cuanto más mejor, nunca es suficiente y, vinculado a la actividad deportiva, nunca se adquiere la forma física suficiente. Los deberes (aquello pendiente) es una de las máximas de la actualidad. Con el reloj acelerado, vivimos hiperestimulados, en continua exigencia. Etimológicamente ocio podía ser lo contrario de negocio. Hoy esa barrera se ha difuminado y ocio también es negocio. Las medidas de la mercantilización se han adueñado del descanso. Por eso no hacer nada está tan mal considerado, por eso envejecer parece un crimen. El cronómetro es hoy esencial en la práctica deportiva, nadie (o pocos) salen a sensaciones. Y, dentro de esa vorágine, hay quien activa el reloj para acudir a la compra, para desplazarse al lugar de entrenamiento, para todo. Lo importante es sumar, lo innegociable es seguir.

Las redes sociales son hoy una traslación innegociable de un sistema turbocapitalista cimentado en la inmediatez, excesivamente superflua y descontextualizada por lo que hace al mundo virtual. Se persigue en él el estímulo efímero del clic, del reconocimiento de desconocidos, del cariño ajeno. Los algoritmos, diseñados y engordados gracias a la conversión en pública de la vida privada, promocionan la acumulación sin reflexión, sin pausa. Y, paralelamente, tras edificar una sociedad artificialmente entretenida y descuartizada, añaden bajo manga el consumo hiperactivo bajo la dictadura de la estética. La de las redes sociales digitales (que lo han transformado todo en el siglo XXI, incluso la concepción y estabilidad de las democracias) es una sociedad anestesiada bajo la lógica de la superficialidad, del cuestionamiento de la verdad y de la creación de realidades paralelas de gran estanqueidad. Hoy vemos sin someter, digerimos sin masticar.

La artificialidad fruto del autoadoctrinamiento se impone en las relaciones sociales bajo el paraguas de la observación. «Lo simbólico es el mecanismo de "poder" más importante que tienen los sistemas sociales para ejercer su función porque opera con la noción de "naturalidad"», dirá Joan-Carles Mèlich. La censura (la mayoría de las ocasiones, autocensura) es lo normal en la relación digital. Amnistía Internacional presentó en octubre de 2024 en

Buenos Aires un análisis sobre el comportamiento de las mujeres periodistas titulado «Muteadas: el impacto de la violencia digital contra las periodistas»[60], que constataba que cinco de cada diez periodistas se autocensuran en las redes sociales para evitar ser víctimas de ataques. Además, se evidenció que casi la mitad (el 44,7 %) evita la interacción con la audiencia por miedo a los insultos, el 34,5 % dejó de participar en alguna red social y el 7,10 % cerró directamente sus cuentas. Dicho estudio confirmó la tendencia observada en el mundo de la sociología. Ya en 2020 Oxfam Intermón presentó la investigación «(In)seguras online»[61], que exponía que el 38 % de las adolescentes y jóvenes en España aseguraba haber modificado su forma de expresarse, había dejado de manifestar sus opiniones, había reducido el uso o directamente había abandonado las redes sociales como consecuencia del acoso sufrido en el mundo virtual. Amplía la idea Byung-Chul Han en su *Psicopolítica:* «Todo dispositivo, toda técnica de dominación, genera objetos de devoción que se introducen con el fin de someter. Materializan y estabilizan el dominio. *Devoto* significa 'sumiso'. El *smartphone* es un objeto digital de devoción, incluso un objeto de devoción de lo digital en general. En cuanto aparato de subjetivación, funciona como el rosario, que es también, en su manejabilidad, una especie de móvil. Ambos sirven para examinarse y controlarse a sí mismo. La dominación aumenta su eficacia al delegar a cada uno la vigilancia. El me gusta es el amén digital. Cuando hacemos clic en el botón de me gusta nos sometemos a un entramado de dominación. El *smartphone* no es solo un eficiente aparato de vigilancia, sino también un confesionario móvil. Facebook es la iglesia, la sinagoga global (literalmente, la congregación) de lo digital»[62].

60 «Muteadas: el impacto de la violencia digital contra las periodistas» https://amnistia.org.ar/wp-content/uploads/delightful-downloads/2024/10/Muteadas_InformeCompleto.pdf

61 «(In)seguras online»: https://plan-international.es/informes/inseguras-online

62 Han, Byung-Chul: *Psicopolítica. Neoliberalismo y nuevas técnicas de poder.* Editorial: Herder Editorial. ISBN: 9788425447617. 2021. Versión digital, página 13.

La cibercomunicación ha reportado productos de entretenimiento caracterizados por la inmediatez, la constante interacción y la participación, provocando que constantemente estemos sujetos a la opinión de los demás. Solo en Instagram se ofrecen más de 4.000 millones de *likes* al día, que provocan otras tantas reacciones tras los avisos a las personas interpeladas, en lo que supone una dependencia psicológica y emocional sin precedentes en la historia. El deportista quiere mostrar sus avances. Y lo hace a través de comunidades digitales mayoritariamente públicas en las que su privacidad queda de nuevo sometida, rindiéndose al escrutinio social. La tecnología ofrece así una nueva motivación, con una nueva experiencia que trasciende a la práctica deportiva y se expande con posterioridad a través de la búsqueda del reconocimiento público. El ritmo frenético con el que se expande la nueva tecnología modifica prácticamente sin control y sin conocimiento de causa las relaciones humanas y la adaptación de la sociedad llega a menudo tras consecuencias negativas ya en marcha que perjudican la salud mental y física. En el caso de las redes sociales digitales a través de plataformas como Facebook, Instagram o TikTok se han estudiado casos de dependencia psicológica y emocional, lo que las ha convertido en un pozo de vulnerabilidad.

La compañía china anunció a finales de noviembre de 2024 que acotaba el uso de filtros de belleza a adolescentes menores de dieciocho años, limitando el impacto negativo que dichos efectos de apariencia física podía causar en su autoconsideración y en su autoestima. Unos días antes la revista *Nature* hizo pública una investigación de la Universitat Pompeu Fabra en colaboración con la Universitat Oberta de Catalunya en el que se apuntó que el 20 % de los usuarios de entre 12 y 18 años que pasan más de dos horas conectados a TikTok asegura que tras el consumo de la aplicación china de vídeos, el sentimiento que desarrollan es una menor autoestima y una mayor sensación de estrés. Defiende (para siempre en sus libros) Zygmunt Bauman: «Cuando navegamos *online*, no es de extrañar que el aumento de la comodidad y la disminución de la incomodidad sean elegidos como única (aunque dual) brújula en detrimento de todas las demás guías posibles. Cuanto más complejas, problemáticas, desafiantes y agobiantes sean las tareas a las que nos enfrentamos *offline*, más seductoras nos resultarán las simplificaciones y facilidades añadidas que solemos encontrar (y que siempre se nos prometen) en su alternativa *online*. El mundo "desconectado" es incurablemente heterogéneo, heterónomo y multívoco; exige de nosotros un continuo elegir y casi ninguna de esas elecciones es inequívoca: todas amenazan con no dejar de ser "controvertidas en esencia"»[63].

El presente estudio buscaba conocer si también las plataformas digitales deportivas que han potenciado la interacción social de sus integrantes podrían ejercer un efecto similar entre sus usuarios y usuarias, provocando presión social, dependencia emocional, frustración e insatisfacción, e incluso llevando a los deportistas a asumir retos deportivos inadecuados para su formación o estado físico solo con el objetivo de conseguir o consolidar su estatus entre su «comunidad» digital.

La disciplina y el esfuerzo que exige la mejora deportiva van acompañados hoy, de forma general, de la presión por la sobreexposición que se produce a través de las redes sociales. El nuevo paradigma comunicacional que supone la cibercomunicación ha diluido, hasta prácticamente hacer desaparecer, las diferencias entre los espacios público y privado, por lo que hoy la participación en entrenamientos y competiciones son evaluados o, como mínimo observados, por múltiples personas que, siguiendo la tendencia de las otras redes sociales más genéricas, opinan. Opinan sin filtros. Dada la publicación de los registros antes privados, Strava introduce la competitividad en el entrenamiento y, con ello, los patrones de consumo y rivalidad individual. Funciona simplemente como la consecución de una serie de estímulos que ayudan a sentirse útil de forma inmediata, aunque no tenga ninguna capacidad transformadora ni disruptiva.

---

63 Bauman, Zygmunt: *Extraños llamando a la puerta*. Paidós Ibérica. Barcelona. 2016. ISBN: 9788449332715

En un principio las aplicaciones de carácter deportivo no tienen causas nocivas y simplemente se limitan a controlar parámetros de la capacidad física, lo que teóricamente podría traducirse en mayor motivación para seguir haciendo deporte. Sin embargo, el uso y abuso de dichas aplicaciones, como con el resto de las redes sociales de carácter menos concreto, provoca adicción y pueden ser perjudiciales en el aspecto emocional. El estudio quiso expandir los conocimientos en primer lugar sobre la capacidad adictiva a internet de una *app* como Strava que *gamifica* la práctica deportiva a través de herramientas tecnológicas y de la interacción social y, por otro, observar los efectos para la salud mental que dicho comportamiento podía provocar en los deportistas sometidos al escrutinio público, lo que «obliga» a una productividad y perfeccionamiento constante. La adicción a una aplicación como Strava incluso ha sido conceptualizada popularmente con el nombre de *stravismo*, padecido por deportistas obsesionados en conseguir los mejores tiempos en los sectores establecidos en la plataforma o el reconocimiento de sus seguidores. Compartir los entrenamientos a través de las redes sociales forma parte ineludible ya de dicha preparación. La presente investigación ha venido a ratificar los resultados obtenidos por otros estudiosos por lo que hace al consumo de redes y sus consecuencias sobre la confianza personal, añadiendo aquí que la modificación del comportamiento por culpa del examen popular puede llevar a actuar de forma irresponsable en el aspecto físico. Así lo aceptaron alrededor del 18 % de los encuestados.

Se ha producido, en los últimos años, una profesionalización del deporte *amateur*, con registros que no dejan de mejorar y que difuminan las líneas que históricamente han separado el deporte recreativo del competitivo. Entre los deportistas aficionados cada vez existe más conocimiento y compromiso con la alimentación, un mayor consumo en equipamiento de alta gama, una mayor disponibilidad de plataformas de análisis para el autoconocimiento como Strava, Garmin Connect, BKool o Zwift, además de una mayor voluntad de entrenamiento basada en parte en la cultura del rendimiento y también una mayor existencia de competiciones populares. Dichas modificaciones también se han potenciado por una exposición social a través de las redes sociales, lo que ha aumentado la autoexigencia.

El nivel de profesionalización que se ha adquirido en el deporte *amateur* hace que la mayoría de los registros de récords existentes en Strava sean insuperables para el común de los deportistas, lo que provoca sentimientos de frustración que afectan a la autoestima. Además, la mayor disponibilidad horaria durante la pandemia de covid-19 permitió una expansión del deporte (como se observa en los registros anuales aportados por la compañía), mejorando considerablemente el estado físico general. Los niveles de competitividad son inabarcables en aplicaciones como Strava, dado que es un mundo en el que conviven millones de deportistas, cada uno de ellos y ellas publica lo mejor de su estado físico. El 26 % de los y las encuestadas en la presente investigación manifestó sentir insatisfacción al observar sus registros comparados con los de sus compañeros de comunidad digital.

El mundo profesional ha avanzado enormemente en pocos años debido a la mayor y mejor práctica deportiva y a la aplicación de nuevas herramientas que mejoran el rendimiento. Las marcas mínimas que hubieron de acreditar las mujeres bajaron considerablemente en solo tres años, entre Tokio 2020 (que se celebró realmente en 2021 por los efectos de la pandemia mundial) y París 2024. Por ejemplo, para darse cita en la prueba de 5.000 metros necesitaron acreditar 18 segundos menos, hasta los 14:52 (mientras en Tokio se pedía 15:10). En los 10.000 metros la reducción se fue a los 45 segundos, mientras en media maratón se pedía 1 minuto y 40 segundos menos y en maratón 2 minutos y 40 segundos. Unos tiempos muy exigentes si se tiene en cuenta que, a dichos niveles, cualquier bajada (por segundos que sean) exigen esfuerzos magnánimos. Si las marcas mínimas se comparan respecto a Barcelona 1992 el salto todavía es mayor. Los 1.500 metros pasaron de 3:38 a 3:33:50 entre 1992 y 2024. Los 10.000 metros de 28 minutos a 27. En 1992, la mínima olímpica para hombres en la maratón estaba en

2:16:00, mientras que para mujeres era de 2:42:00 y, en contraste, para los Juegos de 2024, la mínima era significativamente más estricta: 2:08:10 para hombres y 2:26:50 para mujeres.

En el maratón de Valencia, el ganador de 1981 (Teodoro Pérez) invirtió 2:26:57. Diez años después, Sergei Prorokov ya bajó el registro a 2:17:15. Para 2001, el keniata Jhon Njoroge Miaka lo redujo a 2:13:43 y su compatriota Isaiah Kosgei marcó 2:07:59 en 2011. El registro de 2023 lo marcó Sisay Lemma, de Etiopía. 2 horas, 1 minuto y 48 segundos, mientras el atleta keniano Sebastian Sawe se coronó campeón en 2024 con un tiempo de 2:02:06. Y, en paralelo al mundo profesional, el *amateur*. Cada vez más deportistas, cada vez de mayor nivel. En los primeros años de la maratón de Valencia, a aquellos que bajaban de las tres horas en la meta se les regalaba la inscripción para el año siguiente. Hoy entran miles por debajo de esos registros.

A la inyección inicial de autoestima por la práctica del deporte les sigue en algunos casos (siempre demasiados) una insatisfacción al observar que otros usuarios de la comunidad digital hacen más o mejor, por lo que la sensación es que uno siempre se queda corto. La competición se orienta a los resultados, datos numéricos que no muestran la complejidad de la vida personal, profesional o deportiva. A la postre, según aceptan el 14 % de los encuestados, dicha interacción les afecta en la autoestima, mientras el 20 % dijo sentir presión social, lo que aumenta la inseguridad y el sentimiento de inferioridad.

Las adicciones trastocan el sistema cerebral y se ha observado que el sistema de premios aplicado por las redes sociales digitales libera niveles de dopamina monstruosamente altas, provocando una especie de cortocircuito que afecta el control de los impulsos y con ello la toma acertada de decisiones. El mayor consumo e incluso la adicción exige con el tiempo mayor necesidad y, después, desarrolla síndrome de abstinencia, lo que provoca, como en las drogas, la vuelta al consumo.

El deporte ha interiorizado una nueva variante masiva: el escrutinio social digital. La consciencia, el sentido crítico o la alerta, se relajan ante unas redes sociales deportivas que no se observan como de confrontación, que no se considera campo de batalla político. Están alejadas de las fuentes de desinformación y de la creación de la indignación y por tanto hay cierta tranquilidad en el consumo, una bajada de guardia. Disfrutar con la práctica, para muchos y muchas, está sujeto ahora a la opinión del resto. A pesar de que el deportista sea *amateur*, la concepción del éxito o el fracaso irá sujeta a la comparativa.

Se precisa una mayor alfabetización digital que capacite a los usuarios de las redes sociales y les dé a conocer las consecuencias del consumo masivo e incluso adictivo. Las nuevas herramientas de interacción social aportan nuevas formas de comunicación y viceversa, por lo que la creación de contenido debe ir sujeta a su comprensión. La alfabetización no se debe limitar a un primer nivel de conocimiento, sino que debe abrazar también una mirada ética y, bajo la premisa de que la comunicación es poder, transmitir qué se debe hacer con ella a todos los niveles (tanto públicos como privados) y los peligros que entraña un mal uso. Para combatir, por ejemplo, el rastreo (control) digital y sus graves consecuencias sobre la salud mental. Este es un estudio sometido a carencias y por ello se precisan nuevas investigaciones futuras que profundicen en el efecto de las *apps* deportivas sobre la salud mental de los usuarios. Se aportan, sin embargo, valiosos datos y tendencias a tener muy en cuenta.

Bibliografía

ADAMS, J. y Kirkby, R. (2003): «El exceso de ejercicio como adicción: una revisión». *Revista de toxicomanías*, 34, 10-22.

ALONSO, R., Gómez, M.A., Patino, M.C., Sánchez, N., Agudo, C., Castaño, C., García, L., y Recio, J.I. (2017): «Effectiveness of a multifactorial intervention based on an application for smartphones, heart-healthy walks and a nutritional workshop in patients with type 2 diabetes mellitus in primary care (EMID): study protocol for a randomised controlled trial». *BMJ Open*, 7, 1-8. DOI:10.1136/bmjopen-2017- 016191

ALTHOFF, T., White, R., y Horvitz, E. (2016): «Influence of Pokémon Go on Physical Activity: Study and Implications». *Journal of Medical Internet Research*, 18(12), 1-14. DOI:10.2196/jmir.6759

ANTUNES, H. K. M., Leite, G. S. F., Lee, K. S., Barreto, A. T., dos Santos, R. V. T., de Sá Souza, H., y de Mello, M. T. (2016): «Exercise deprivation increases negative mood in exercise-addicted subjects and modifies their biochemical markers». *Physiology & Behavior*, 156, 182-190.

AZNAR, I., Cáceres, M.P., y Romero, J.M. (2018): «Efecto de la metodología mobile learning en la enseñanza universitaria: meta-análisis de las investigaciones publicadas en WOS y Scopus». *RISTI. Revista Ibérica de Sistemas y Tecnologías de la Información*, 30, 1-16.

AZNAR DÍAZ, INMACULADA; Cáceres Reche, María Pilar; Trujillo Torres, Juan Manuel; Romero Rodríguez, José María (2019): «Impacto de las apps móviles en la actividad física: un meta-análisis». *Retos*, 36, 52-57. Federación Española de Asociaciones de Docentes de Educación Física (FEADEF) ISSN: Edición impresa: 1579-1726. Edición Web: 1988-2041.

BARRIENTOS BÁEZ, A., Caldevilla Domínguez, D. y Martínez González, J. A. (2021): «Educación y gestión de emociones en Internet: hábitos de vida saludables». *ESAMEC. Education Journal: Health, Environment and Citizenship*.

BAUMAN, ZYGMUNT: *Extraños llamando a la puerta*. Paidós Ibérica. Barcelona. 2016. ISBN: 9788449332715

BEKHUISB, HIDDE; Frankena, Rob; y Tolsmaa, Jochem: «Kudos make you run! How runners influence each other on the online social network Strava». *Social Networks* 72 (2023) 151–164 https://doi.org/10.1016/j.socnet.2022.10.001

BOURDIEU, PIERRE (1998): *La distinción: Criterios y bases sociales del gusto.* Madrid: Taurus, 1998.

BUITRAGO RAMÍREZ F, Ciurana Misol R, Fernández Alonso MC, Tizón JL.: «COVID-19 pandemic and mental health: Initial considerations from spanish primary health care». *Atención Primaria.* 2021;53:89-101.

BRUINVELS G, Goldsmith E, Blagrove R, *et al*: «Prevalence and frequency of menstrual cycle symptoms are associated with availability to train and compete: a study of 6812 exercising women recruited using the Strava exercise app». *British Journal of Sports Medicine* 2021; 55:438-443.

CHALLCO HUAYTALLA, KATHERINE; Rodríguez Vega, Sheila; y Jaimes Soncco, Jania (2016): «Riesgo de adicción a redes sociales, autoestima y autocontrol en estudiantes de secundaria» (E.P. de Psicología ed.). *Revista Científica de Ciencias de la Salud,* 9(1). https://revistas.upeu.edu.pe/index.php/rc_salud/article/view/236/236

COLOMBO, D.: «Cómo funciona el cerebro cuando usas las redes sociales» (s.f.). Cooperativa 93.3 FM. Consultado el 26 de diciembre de 2020. https://bit.ly/3fruNUG

CONDE, M., y Tercedor, P. (2015).: «La actividad física, la educación física y la condición física pueden estar relacionadas con el rendimiento académico y cognitivo en jóvenes. Revisión sistemática». *Archivos de Medicina del Deporte,* 32(2), 100-109.

COUTURE, J. (2020): «Reflections from the 'Strava-sphere': Kudos, community, and (self-)surveillance on a social network for athletes». *Qualitative Research in Sport, Exercise and Health,* 13(1), 184–200. https://doi.org/10.1080/2159676X.2020.1836514

COUTURE, J., 2021: «Reflections from the 'Strava-sphere': Kudos, community, and (self) surveillance on a social network for athletes». *Qual. Res. Sport, Exerc. Health* 13 (1), 184–200. https://doi.org/10.1080/2159676X.2020.1836514.

CUESTA, U.; Cuesta, V.; Martínez, L. y Niño, J. I. (2020): «*Smartphone*: en comunicación, algo más que una adicción». *Revista Latina de Comunica-*

ción Social, 75, 367-381. http://nuevaepoca.revistalatinacs.org/index. php/revista/article/view/15/10

ECHEBURÚA, E. (2012): «Factores de riesgo y factores de protección en la adicción a las nuevas tecnologías y redes sociales en jóvenes y adolescentes». *Revista española de drogodependencias,* (4), 435-447 Recuperado de https://www.aesed.com/descargas/revistas/v37n4_5.pdf

ENCEL, KIM; Mesagno, Christopher; y Brown, Helen (2017): «Facebook use and its relationship with sport anxiety». *J Sports Sci.* 2017 Apr;35(8):756-761. doi: 10.1080/02640414.2016.1186817. Consulta el 7 de octubre de 2022: https://pubmed.ncbi.nlm.nih.gov/27214782/

FARERI DS, Delgado MR.: «Social Rewards and Social Networks in the Human Brain». *Neuroscientist.* 2014 Aug;20(4):387-402. DOI: 10. 1177/1073858414521869. Epub 2014 Feb 21. PMID: 24561513.

FILGUEIRA, J.M. (2016): «Apps Para Adquisición de Hábitos Saludables Dentro de la Educación Física». *Revista de Educación Física,* 34(4), 22-31.

GABBIADINI, A., y Greitemeyer, T. (2018): «Fitness mobile apps positively affect attitudes, perceived behavioural control and physical activities». *Journal of Sports Medicine and Physical Fitness,* 4, 1-21. DOI:10.23736/S0022-4707.18.08260-9

GARCÉS, J. y Ramos, M. (2010): «Jóvenes consumidores y redes sociales en Castilla-La Mancha». Castilla: Consejo de la Juventud de Castilla-La Mancha. Recuperado de: http://www.portaljovenclm.com/ documentos/noticias/3069/JovenesConsumidoresyRedesSocialesen CLM.pdf

GARTON, G. N., y Hijós, M. N. (2017): «La mujer deportista en las redes sociales: Un análisis de los consumos deportivos y sus producciones estéticas». *Hipertextos,* 8(5).

GELFMAN, N. (2016): «Carreras shopping: un estudio de la práctica del running en Buenos Aires». Tesis de Maestría. https://ridaa.unq.edu. ar/handle/20.500.11807/269?show=full

GIL, M., Nguyen, N. T., McDonald, M., y Albers, H. E. (2013): «Social reward: interactions with social status, social communication, aggression, and associated neural activation in the ventral tegmental area». *European Journal of Neuroscience,* 38(2), 2308-2318.

GLYNN, L., Hayes, P., Casey, M., Glynn, F., Alvarez-Iglesias, A., Newell, J., Ólaighin, G., Heaney, D., y Murphy, A. (2013): «SMART MOVE - a smartphone-based intervention to promote physical activity in primary care: study protocol for a randomized controlled trial». *Trials,* 14(157), 1-7. DOI:10.1186/1745-6215-14-157

GUILLEN, L., Herrera, A.P., y Ale, Y. (2018): «Las herramientas tecnológicas TIC's como elemento alternativo para el desarrollo del componente físico». *Retos, 34,* 222-229.

HABER, S. N., y Knutson, B. (2010): «The reward circuit: linking primate anatomy and human imaging». *Neuropsychopharmacology, 35*(1), 4-26.

HERRERA, M., Pacheco, M., Palomar, J. y Zavala, D. (2010): «La adicción a Facebook relacionada con la baja autoestima, depresión y la falta de habilidades sociales». *Psicología Iberoamericana,* 18(1), 6-18. Recuperado de https://www.redalyc.org/pdf/1339/133915936002.pdf

HIKOSAKA, O., Bromberg-Martin, E., Hong, S., y Matsumoto, M. (2008): «New insights on the subcortical representation of reward». *Current Opinion in Neurobiology,* 18(2), 203-208.

JONES, JASON J.; Kirschen, Gregory W.; Kancharla, Sindhuja; y Hale, Lauren (2019): «Association between late-night tweeting and next-day game performance among professional basketball players». *Sleep Health.* Volume 5, Issue 1, February 2019, Pages 68-71. Consulta el 7 de octubre de 2022: https://www.sciencedirect.com/science/article/abs/pii/S2352721818301724?via%3Dihub

KLECK, R. E. y Strenta, A. (1980): «Perceptions of the impact of negatively valued physical characteristics on social interaction». *Journal of Personality and Social Psychology, 39,* 861-873.

LEE, D. C., Brellenthin, A. G., Thompson, P. D., Sui, X., Lee, I. M., y Lavie, C. J. (2017): «Running as a key lifestyle medicine for longevity». *Progress in Cardiovascular Diseases,* 60(1), 45-55.

LIPOVETSKY, GILLES: La era del vacío. *Ensayos sobre el individualismo contemporáneo.* Anagrama. 2006. ISBN: 978-84-339-0083-8

LIZANDRA, J., y Peiró-Velert, C. (2020): «Las relaciones sociales y su papel en la motivación hacia la práctica de actividad física en adolescentes: Un enfoque cualitativo». *Retos: Nuevas Perspectivas de Educación Física, Deporte y Recreación, 37*(1), 41–47. https://doi.org/10.47197/retos.v37i37.70374

Löllgen, H., Böckenhoff, A., y Knapp, G. (2009): «Physical activity and all-cause mortality: an updated meta-analysis with different intensity categories». *International Journal of Sports Medicine, 30*(03), 213-224.

López, A. N. (2019): «Análisis de la adicción al ejercicio y su relación con la motivación, el compromiso y la personalidad Grit en corredores populares». (Doctoral dissertation, Universidad de León).

Maceri, R. M., Cherup, N. P., Buckworth, J., y Hanson, N. J. (2019): «Exercise Addiction in Long Distance Runners». *International Journal of Mental Health and Addiction,* 1-10.

Mahan III, J. E., Seo, W. J., Jordan, J. S., y Funk, D. (2015): «Exploring the impact of social networking sites on running involvement, running behavior, and social life satisfaction». *Sport Management Review, 18*(2), 182-192.

Martin Critikián, D. y Medina Núñez, M. (2021): «Redes sociales y la adicción al like de la generación z». *Revista de Comunicación y Salud,* 11, 55-76. https://doi.org/10.35669/rcys.2021.11.e281

Meshi, D., Morawetz, C., y Heekeren, H. R. (2013): «Nucleus accumbens response to gains in reputation for the self relative to gains for others predicts social media use». *Frontiers in Human Neuroscience,* 7, 439.

Murcia, Sergio; Pastor, Xiroi; y Lizandra, Jorge: «Investigando el Proyecto Educativo Strava: un análisis desde las teorías motivacionales, la satisfacción de las necesidades psicológicas básicas y la intención de práctica de actividad física». Universidad de Oviedo. *Aula Abierta.* Volumen 52, número 2, abril-junio, 2023/págs. 127-137. ISSN: 0210-2773. DOI: https://doi.org/10.17811/rifie.52.2.2023.127-137

Padilla C, Ortega J.: «Adicción a las redes sociales y sintomatología depresiva en universitarios». *CASUS.* 2017;2(1):47-53.

Peirano, Marta (2019): *El enemigo conoce el sistema: Manipulación de ideas, personas e influencias después de la economía de la atención.* Editorial Debate. ISBN: 978-84-17636-39-5

Penedo, F. J., y Dahn, J. R. (2005): «Exercise and well-being: a review of mental and physical health benefits associated with physical activity». *Current opinion in psychiatry,* 18(2), 189-193.

Pérez Feijóo, María de la Paz; y Pedrón, Valeria Teresa (2020): «La adicción a correr y su relación con el uso de redes sociales». *Revista de Psicología y Psicopedagogía* V.

Peris, M., Maganto, C. y Kortabarria, L. (2013): «Autoestima corporal, publicaciones virtuales en las redes sociales y sexualidad en adolescentes». *European Journal of Investigation in Health, Psychology and Education,* 3(2), 171-180. Recuperado de https://dialnet.unirioja.es/servlet/articulo?codigo=4519140

Sherman, L. E., Payton, A. A., Hernández, L. M., Greenfield, P. M., y Dapretto, M. (2016): «The power of the like in adolescence: effects of peer influence on neural and behavioral responses to social media». *Psychological Science,* 27(7), 1027-1035.

Sousa Fortes, Leonardo; Gantois Petrus; De Lima-Júnior, Dalton; Teixeira Barbosa, Bruno; Caputo Ferreira, Maria Elisa; Yuzo Nakamura, Fabio; Albuquerque, Maicon R.; y Souza Fonseca, Fabiano. (2021): «Playing videogames or using social media applications on smartphones causes mental fatigue and impairs decision-making performance in amateur boxers», *Applied Neuropsychology: Adult,* DOI: 10.1080/23279095.2021.1927036

Sousa Fortes, Leonardo; De Lima-Junior, Dalton; Fiorese, Lenamar; Nascimento-Júnior, José R. A.; Mortatti, Arnaldo L.; y Ferreira, Maria E. C. (2020): «The effect of smartphones and playing video games on decision-making in soccer players: A crossover and randomised study», *Journal of Sports Sciences,* 38:5, 552-558, DOI: 10.1080/02640414.2020.1715181

Sun, Y., Du, Y., Wang, Y., & Zhuang, L. (2017): «Examining Associations of Environmental Characteristics with Recreational Cycling Behaviour by Street-Level Strava Data». *International Journal of Environmental Research and Public Health,* 14(6), 644. https://doi.org/10.3390/ijerph14060644

Tsitsika, A., Janikian, M., y Tzavela, E. (2013): «Investigación sobre conductas adictivas a internet entre los adolescentes Europeos». Funded by the European Union. Recuperado de http://www.injuve.es/sites/default/files/2013/03/publicaciones/FinalResearchInternet-ES.pdf

Turner, Martin; y Barker, Jamie B. (2011): «Examining the Efficacy of Rational-Emotive Behavior Therapy (REBT) on Irrational Beliefs and Anxiety in Elite Youth Cricketers». *Journal of Applied Sport Psychology.*Volume 25, 2013 - Issue 1: Single-Case Research Methods in Sport Psychology. Pages 131-147. https://doi.org/10.1080/10413200.2011.574311

Varchetta, M. Fraschetti, A. Mari, E. y Giannini, A. M. (2020): «Adicción a redes sociales, Miedo a perderse experiencias (FOMO) y Vulnerabilidad en línea en estudiantes universitarios». *Revista Digital de Investigación en Docencia Universitaria.* e1087. http://dx.doi.org/10.19083/ridu.2020.1187

WALTON, C.C., Baranoff, J., Gilbert, P., Kirby, J., 2020: «Self-compassion, social rank, and psychological distress in athletes of varying competitive levels». *Psychol. Sport Exerc.* 50, 101733 https://doi.org/10.1016/j.psychsport.2020.101733.

ZARAUZ SANCHO, A. (2011): «Validación al español de las escalas motivaciones de los maratonianos (MOMS), compromiso a correr (CR) y adicción a correr (RAS). Variables predictoras de la "súper– adherencia" y las motivaciones de los maratonianos». Proyecto de investigación. https://digitum.um.es/digitum/handle/10201/24937

ZHOU SJ, Zhang LG, Wang LL, Guo ZC, Wang JQ, Chen JC, *et al.* «Prevalence and socio-demographic correlates of psychological health problems in Chinese adolescents during the outbreak of COVID-19». *Eur Child Adolesc Psychiatry* [Internet]. 2020;29:749-58 Disponible en https://pubmed.ncbi.nlm.nih.gov/32363492/.

MEDIA

– *Ciclosfera.* Entrevista a Gareth Nettleton, de Strava: «Marcas como Nike convirtieron el deporte en algo aspiracional»: https://ciclosfera.com/a/gareth-nettleton-strava-deporte Publicada el 30 de octubre de 2016. Consultada el 13 de octubre de 2022.

– *CMD Sports.* Petriz Fisas, A. (2017). «El "postureo" runner: Más allá de salir a correr». https://www.cmdsport.com/running/cuidate-running/psicologia-cuidate-running/el-postureo-runner-mas-alla-de-salir-a-correr/

– Data. The State of Mobile in 2022: «How to Succeed in a Mobile-First World As Consumers Spend 3.8 Trillion Hours on Mobile Devices»: https://www.data.ai/en/insights/market-data/state-of-mobile-2022/ Consultado el 4 de octubre de 2022.

– Ditrendia. Informe Mobile en España y en Mundo 2020: https://ditrendia.es/informe-mobile-2020/

- *Eldiario.es.* «Instagram admite en privado que daña la autoestima corporal de una de cada tres adolescentes». Se consultó la información en eldiario.es https://www.eldiario.es/tecnologia/facebook-instagram-afecta-salud-mental-adolescentes-minimiza-publico_1_8302276.html Consultado el 1 de octubre de 2022.
- *El Mundo.* «Los adictos al móvil no paran de crecer pese al aumento en el precio de las tarifas»: https://www.elmundo.es/economia/ahorro-y-consumo/2018/07/14/5b48adfa268e3e43778b45a8.html Publicado el 14 de julio de 2018. Consultado el 1 de octubre de 2022.
- *El País.* Entrevista a Michael Horvath: "Nos dijeron que la tecnología necesaria para crear Strava nunca iba a existir": https://elpais.com/tecnologia/2022-01-31/nos-dijeron-que-la-tecnologia-necesaria-para-crear-strava-nunca-iba-a-existir.html Publicado el 31 de enero de 2022. Consultado el 25 de septiembre de 2022.
- «FOMO: El miedo a perderse algo (Fear of Missing Out)»: https://blogs.elpais.com/consumidos/2012/03/fomo-el-miedo-a-perderse-algo-fear-of-missing-out.html Publicado el 20 de marzo de 2012. Consultado el 15 de julio de 2022.
- Extra. Mindola, A. P. (2019, 28 de noviembre). «Depender de likes: ¿Qué sentimos cuando no nos dan like?» *Extra. Ec.* https://bit.ly/2Pmm1g3
- Google. «Así afectan los tiempos de carga a las visitas en mobile»: https://www.thinkwithgoogle.com/intl/es-es/canales-de-publicidad/movil/asi-afectan-los-tiempos-de-carga-las-visitas-en-mobile/
- Loughran, Steve. «Advanced Deanonymization through Strava»: https://steveloughran.blogspot.com/2018/01/advanced-denanonymization-through-strava.html Publicado el 29 de enero de 2018. Consultado el 25 de septiembre de 2022.
- *Medical Daily* (2015) Consultado en https://www.medicaldaily.com/human-attention-span-shortens-8-seconds-due-digital-technology-3-ways-stay-focused-333474
- Strava. «Strava's Year In Sport 2021 charts trajectory of ongoing sports boom»: https://blog.strava.com/press/yis2021/ Publicado el 7 de diciembre de 2021. Consultado digitalmente el 29 de septiembre de 2022.

– We are social. Digital 2024 October Global Statshot Report: https://wearesocial.com/es/blog/2024/01/digital-2024-5-billiones-de-usuarios-en-social-media/ Consultado digitalmente el 18 de noviembre de 2024.

ENTREVISTAS

– Albinyana, Davinia (2022). Entrevista telefónica. Albinyana es psicóloga del deporte, máster en Psicología Social y deportista de élite durante veintidós años. Realizada el 27 de agosto de 2022.
– López de León, Alexander (2022). Entrevista telefónica. López es psicólogo, doctorando de la Universidad de Granada y máster en Psicología Social por la Universidad de Valencia. Realizada el 29 de agosto de 2022.
– Pascual, Jordi (2022). Entrevista telefónica. Pascual es licenciado en Ciencias del Deporte y máster en Alto Rendimiento Deportivo. Realizada el 15 de agosto de 2022.

Primera edición de la obra
EL RIESGO DE LA VANIDAD. REDES SOCIALES DEPORTIVAS Y SALUD MENTAL
de Carles X. Senso Vila, con prólogo de Alfredo Relaño Estapé,
en la colección «Estudis Universitaris»
de la Institució Alfons el Magnànim-CVEI,
con una tirada de quinientos ejemplares,
compuesta por Mayte Mar Disseny Gràfic
e impresa por Set i Set Impressors
durante el mes de mayo de 2025.
De la edición y publicación de esta obra se ha encargado
el equipo editorial del Magnànim.